INHALTSÜBERSIEHT

Hangang 한강 - Ein Spielplatz am Fluss für alle!
8 Orten   6 Aktivitäten   2 Herausforderungen

06

Mitten durch das Herz der Stadt fließend, bietet der Hangang eine erholsame Oase abseits des Großstadttrubels. Hier kann man fantastische Aussichten, kulturelle Veranstaltungen und Freizeitaktivitäten genießen. Ob entspannende Spaziergänge oder gemütliche Picknicks - Hangang hat für jeden etwas zu bieten und sorgt für unvergessliche Momente bei jedem Besucher.

Königspaläste von Seoul - Entdecke die Schätze der koreanischen Geschichte
36 Orten   38 Aktivitäten   13 Herausforderungen

12

Bei einem Besuch der fünf Königspaläste von Seoul mit ihrer großartigen Architektur, ihren makellosen Gärten und ihrer faszinierenden historischen Bedeutung wird man in die Vergangenheit zurückversetzt und erhält einen Einblick in die reichhaltige und spannende Geschichte Koreas. Zudem erwarten dich unterhaltsame kulturelle Aktivitäten wie das Tragen der traditionellen Hanbok-Kleidung und der Besuch traditioneller Aufführungen.

Hanok-Dörfer - Eine Reise in die Vergangenheit - Erleben des koreanischen Lebensstils
9 Orten   8 Aktivitäten   5 Herausforderungen

30

Schlender durch die Straßen dieser historischen Stadtviertel und erlebe die einzigartige Schönheit der traditionellen koreanischen Architektur. Werde Teil der traditionellen koreanischen Lebensweise und gewinne ein tieferes Verständnis für die reiche Kultur und das Erbe des Landes. Mit ihren charmanten Cafés, heimischen Geschäften und eindrucksvollen architektonischen Details bieten diese Dörfer einen Einblick in die Vergangenheit Koreas.

Koreas Straßenküche - Probiere die beliebtesten Straßengerichte Koreas!
5 Orten   5 Aktivitäten   2 Herausforderungen

34

Genieße authentische Aromen koreanischer Straßenrestaurants und lasse dich von der lebhaften Atmosphäre anstecken, wo Einheimische zusammenkommen, um ihre Lieblingsgerichte zu genießen. Erlebe die wahre Essenz der koreanischen Küche, ganz wie ein Einheimischer!

Souvenir-Shopping - Ein Stück Korea mit nach Hause nehmen

5 Orten   3 Aktivitäten   6 Herausforderungen

Die pulsierenden Souvenirläden und Flohmärkte von Seoul bieten eine unglaubliche Auswahl an einzigartigen und traditionellen koreanischen Souvenirs. Ob traditionelles Kunsthandwerk oder moderne Schmuckstücke - in diesen Geschäften ist für jeden etwas zu finden.

Gangnam Style - Koreas trendigstes Viertel erkunden!

16 Orten   38 Aktivitäten   13 Herausforderungen

Erlebe die pulsierende Atmosphäre von Gangnam, dem angesagtesten und trendigsten Stadtteil von Seoul, durch eine Vielzahl von Aktivitäten und tollen Erfahrungen. Vom Ausprobieren der neuesten K-Beauty-Trends bis zum Verzehr köstlicher lokaler Gerichte - hier gibt es einfach ALLES zu sehen und zu erleben.

K-Pop Abenteuer - In die Welt der koreanischen Popmusik eintauchen!

11 Orten   3 Aktivitäten   6 Herausforderungen

Begib dich auf eine Reise durch die koreanische Musikszene, wobei du die Branche, die die Welt im Sturm erobert hat, aus nächster Nähe kennenlernen kannst. Besuche K-Pop-Unterhaltungsunternehmen, wandle auf den Spuren von K-Pop-Stars, fotografiere die kultigen K-Pop-Bärenstatuen und lerne sogar ein paar Tanzschritte, um zu sehen, wie es ist, ein K-Pop-Idol zu sein!

Tragödien & Triumphe - Koreas Geschichte in Museen kennenlernen

4 Orten   3 Aktivitäten   5 Herausforderungen

Lerne mehr über die erstaunlichen Errungenschaften der Vergangenheit, die moderne Geschichte Koreas und die Herausforderungen, die das Land zu bewältigen hatte. Sowohl tragische Geschichten als auch die des Sieges hinterlassen eine inspirierende Atmosphäre, die dich mit dem Geist des koreanischen Volkes vertraut macht. Begib dich auf diese unvergessliche Reise und zelebriere die glanzvolle Vergangenheit und blicke gespannt in die Zukunft.

Frieden in Seoul finden - eine Spirituelle Reise zur Ruhe für Körper und Geist

8 Orten   6 Aktivitäten   6 Herausforderungen

Tauche ein in das Herz der spirituellen Welt Koreas und erlebe den Besuch ehrwürdiger buddhistischer Tempel, historischer Kirchen und prächtiger Moscheen. Lasse dich von ruhigen Landschaften und tiefgründigen Überlegungen inspirieren und finde inneren Frieden inmitten der kulturellen Vielfalt.

57

Seoul Abenteuer - Familienfreundliche und romantische Aktivitäten für alle

17 Orten   14 Aktivitäten   21 Herausforderungen

Seoul bietet eine Fülle von aufregenden und unvergesslichen Erlebnissen für jeden, egal ob man als Familie den Zusammenhalt stärken möchte oder als Paar auf der Suche nach romantischen Momenten ist. Die Stadt bietet eine gelungene Abwechslung aus familienfreundlichen und intimen Abenteuern, die mit Sicherheit unvergessliche Erinnerungen hinterlassen werden.

61

Nützliche Apps und Bücher für deine Reise nach KOREA

Subway Korea

Aktuelle U-Bahn-Karten von Seoul - alle U-Bahn-Karten bieten Echtzeit-Transit-, Fahrplan- und Umsteigeinformationen sowie einen praktischen Routenberechner.

Kakao Map

Wie Naver Map, aber wenn man Kakaot Talk hat, ist es noch praktischer, da es mit anderen Diensten wie Kakao Taxi und Kakao Talk stärker integriert ist.

Naver Map

Diese App bietet alles, was man braucht, um sich in Korea fortzubewegen - von Wegbeschreibungen über Zugfahrpläne bis hin zu nahen gelegenen Toiletten.

Google Maps

Ähnlich wie Naver Map, aber ohne Wegbeschreibung in Korea. Informiert über U-Bahnen und Orte in der Nähe in mehr Sprachen als Naver Map.

PAPAGO

Diese AI-basierte App ermöglicht eine hervorragende Übersetzung vor allem in Korea, was ein Muss ist, wenn man in Korea unterwegs ist.

Emergency Ready

Schneller Zugang zu landesweiten Notunterkünften, medizinischen Notfallzentren, Feuerwachen, Polizeistationen, Sicherheitsratgebern und direkten 119-Notrufen.

Catch Table

Restaurantreservierungen auf Englisch sind problemlos möglich.

1330 Korea Travel Helpline

Angebot von Sprachanrufen und Live-Chat-Support für Touristen, Reiseinformationen in 8 Sprachen, Hilfe beim Dolmetschen, bei Beschwerden und bei Bedarf Zugang zu Polizeihilfe.

Der Tour-Guide für die U-Bahn in Seoul, Korea

Hier erfährt man, wie man die 100 wichtigsten Sehenswürdigkeiten der Stadt mit der U-Bahn entdecken kann.

Das Wörterbuch zur Koreanischen Kultur

Ein umfassendes Nachschlagewerk über Korea und seine Kultur, von A bis Z, damit du deine Reise nach Korea noch mehr genießen kannst.

Konversationen auf Koreanisch

Über 1.400 wichtige koreanische Redewendungen und die Aussprache lassen sich mit herunterladbaren Audio-Dateien schnell und einfach lernen. Einfach anhören, wiederholen und lernen!

GELD IN KOREA

50.000 오만원 (O-MAN-WON), ETWA 35 EUR

10,000 만원 (MAN-WON), ETWA 7 EUR

5,000 오천원 (O-CHEON-WON), ETWA 3,5 EUR

1,000 천원 1.000 천원 (CHEON-WON), ETWA 0,7 EUR

500 오백원 (O-BAEK-WON), ETWA 35 EURO-CENT

100 백원 (BAEK-WON), ETWA 7 EURO-CENT

50 오십원 (O-SHIP-WON), ETWA 3,5 EURO-CENT

10 십원 (SHIP-WON), ETWA 0,7 EURO-CENT

ES GIBT 5 UND 1 WON-MÜNZEN, DIE HEUTE ABER FAST NIE VERWENDET WERDEN.

Die gängigen Kreditkarten (VISA/MC/AMEX) werden fast überall in Korea akzeptiert.

Samsung Galaxy Pay & Apple Pay sind ebenfalls verfügbar.

Du KANNST deine in deinem Heimatland ausgestellte Debitkarte verwenden, um in Korea Geld an einem Geldautomaten abzuheben. Achte auf das „Global ATM"-Zeichen an einem Geldautomaten.

T-MONEY CARD

Muss in einer Verkaufsstelle mit dem T-Money-Logo, an einem Automaten (Linie 1-4) oder im Informationszentrum in einer Station (Linie 5-8)

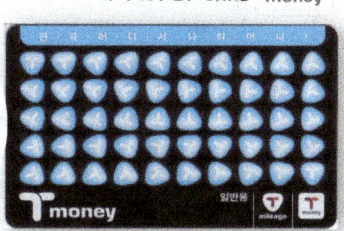

FÜR U-BAHN/BUS/TAXI

Hangang 한강
Ein Spielplatz am Fluss für alle!

Mitten durch das Herz der Stadt fließend, bietet der Hangang eine erholsame Oase abseits des Großstadttrubels. Hier kann man fantastische Aussichten, kulturelle Veranstaltungen und Freizeitaktivitäten genießen. Ob entspannende Spaziergänge oder gemütliche Picknicks - Hangang hat für jeden etwas zu bieten und sorgt für unvergessliche Momente bei jedem Besucher.

KARTE VON SEOUL

HANGANG-FLUSS

Der Hangang ist ein weitläufiger Fluss, der verschiedene Teile der Stadt durchfließt und den Besuchern mehrere Zugangspunkte bietet. Unser Hauptaugenmerk liegt dabei auf dem **Banpo Hangang Park**, der dank seiner **schwimmenden Insel** und der **Regenbogenbrücke** etwas Besonderes zu bieten hat. Dennoch macht es keinen großen Unterschied, ob man sich für den einen oder den anderen entscheidet, denn alle Orte sind gleich schön und bieten ein ähnliches Erlebnis!

 Banpo Hangang Park 반포 한강 공원 Seocho-gu, Shinbanpo-ro 11-gil 40 서초구 신반포로11길 40
25 Minuten Fußweg (1,3 km) von der **Express Bus Terminal Station Ausgang 8-1 der U-Bahn-Linie 9**

 Yeouido Hangang Park 여의도 한강 공원 Yeongdeungpo-gu, Yeouidong-ro 330 영등포구 여의동로 330
5 Minuten Fußweg (249 m) von der **Yeouinaru Station Ausgang 3 der U-Bahn-Linie 5**

 Ichon Hangang Park 이촌 한강 공원 Yongsan-gu, Ichon-dong 302-17 이촌동 302-17
20 Minuten Fußweg (1,3 km) von der **Ichon Station Ausgang 4 der U-Bahn-Linie 4**

 Ttukseom Hangang Park 뚝섬 한강 공원 Gwangjin-gu, Jayang-dong 704-1 광진구 자양동 704-1
Direkt neben der **Ttukseom Resort Station Ausgang 3 der U-Bahn-Linie 7**

 Jamsil Hangang Park 잠실 한강 공원 Songpa-gu, Jamsil-dong 1-1 송파구 잠실동 1-
25 Minuten Fußweg (1,5 km) von der **Jamsil Station Ausgang 6 der U-Bahn-Linie 2**

Banpo Hangang Park 반포 한강 공원
Seocho-gu, Shinbanpo-ro 11-gil 40 서초구 신반포로11길 40
25 Minuten Fußweg (1,3km) von der **Express Bus Terminal Station Ausgang 8-1 der U-Bahn-Linie 9**

KARTE
RICHTUNGEN!

1 Auf zum Picknick nach Hangang!

Überall auf der **Wiese** sind **Picknickdecken**, **Stühle** oder **Tische** erlaubt, also sucht euch einfach euren Lieblingsplatz aus! Allerdings sind **Zelte nur in ausgewiesenen Bereichen** erlaubt, mit den folgenden Bedingungen.

* Ihr könnt euer eigenes Zelt mitbringen oder für etwa 20 Euro in einem der zahlreichen Zeltverleihe in der Umgebung mieten. Zudem befinden sich Supermärkte und öffentliche Toiletten in der Nähe.

2 m × 2 m
Maximal 2 m × 2 m!

Erlaubte Jahreszeit
1. April - 31. Oktober

Öffnungszeiten
Apr - Mai, Sep - Okt
9.00 - 19.00 Uhr

Juni - Aug
9.00 - 20.00 Uhr

Die Verleihstellen befinden sich in Seocho-gu, Banpodaero 316, B1
서초구 반포대로 316 지하 1층
Siehe die Karte oben zur Orientierung ★

Koste die Chimaek (Hähnchen & Bier) Combo!

Chimaek 치맥, welches die Abkürzung für "Huhn" + "Maekju 맥주 (Bier)" ist, gehört zu den beliebtesten Gerichten koreanischer Picknickgänger. Im Restaurant Seorae Naru 서래나루, das nur wenige Gehminuten von der Schwimmenden Insel entfernt liegt, gibt es ein Restaurant, das sich auf Chimaek spezialisiert hat und in dem man einen geräumigen Sitzbereich vorfindet, wodurch man sich die Mühe des Bestellens und Abholens ersparen kann.

Probiere die Instant-Ramyun-Nudelmaschine aus!

In einem kleinen Laden entlang des Flusses gibt es einen Automaten, der Instant-Ramyun-Nudeln zubereitet! Man muss nur die Nudeln und die Suppe in den dafür vorgesehenen Behälter geben, woraufhin der Automat sofort Wasser zuführt und mit dem Kochen beginnt (wenn man sich nicht absolut sicher ist, kann man einfach einen koreanischen Parkbesucher fragen, der einem gerne hilft). Lass dir deine köstlichen Ramyun-Nudeln schmecken, während du die traumhafte Aussicht auf Hangang bewunderst!

제이 blog.naver.com/travelcrazykorean (CC BY-SA 2.0 KR)

Halte den perfekten Moment an Hangangs besten Fotoplätzen fest!

Schau dir den großen Vollmond an! Man sagt, wenn du dir während des Supermonds etwas wünschst und an die Kaninchen denkst, von denen die Koreaner in alten Geschichten glauben, dass sie auf dem Mond leben, dann könnte dein Wunsch in Erfüllung gehen.

Die Mondsichel gilt als ein besonderes Symbol der Insel Sebit! Sie sieht tagsüber schön aus, aber nachts ist sie noch viel eindrucksvoller!

Auf einer Bühne inmitten des Platzes werden Gruppenfotos gemacht und lustige Wettbewerbe fürs Social Media veranstaltet! Hier kannst du dein nächstes beliebtes Video kreieren!

② Die Futuristische Schwimmende Insel 세빛섬!

Mit ihrem fantastischen Nachtpanorama, bei dem sich farbenfrohe und schöne LED-Lichter harmonisch in den Fluss einfügen, ist Some Sevit 세빛섬 (Schwimmende Insel) einer der meistbesuchten Orte Seouls bei Nacht. Die Insel selbst besteht aus künstlich angelegten Inseln, die für Hochzeiten, Restaurants und Cafés genutzt werden und auf denen Yachten, Schlauchboote und verschiedene Ausstellungen, Aufführungen und Veranstaltungen stattfinden.

*Sebit / Sevit, Gabit / Gavit, Solbit / Solvit werden synonym verwendet.

> In dem Kinofilm Avengers: Age of Ultron heißt die schwimmende Insel "Sokovia". Die Insel wurde vom Bösewicht Ultron erschaffen, der sie als Basis für seine finsteren Pläne nutzte!

Für weitere Informationen siehe somesevit.com

Mini-Picknick auf dem Fluss auf einem Tubester!

Genieße ein entspanntes Ausflugserlebnis auf deinem privaten Mini-Wasserfahrzeug, bringe deine Lieblingsspeisen und -getränke mit und lass dich von der friedlichen Schönheit der Natur um dich herum verzaubern! Der Tubester findet sich direkt im Erdgeschoss der Insel Gabit und ist der ideale Ort für ein kleines Picknick auf dem Fluss!

Preis:
30 mins: 35.000 Won
60 mins: 55.000 Won (für 1 Boot)
Bargeld und Kreditkarte werden akzeptiert.

Minderjährige müssen aus Sicherheitsgründen von einem Erwachsenen begleitet werden. Die Nutzung der Boote ist für Kleinkinder, Schwangere, ältere Menschen und Personen unter 90 cm Körpergröße nicht gestattet.

Kapazität:
Maximal 6 Personen pro Tisch

Öffnungszeiten:
März - Mai / Oktober
Mo-Fr: 15.00 - 23.00
Sa/So/Feiertag: 13.00 - 23.00
Juni - Sep
Mo - Fr: 16.00 - 24.00
Sa/So/Feiertag: 14.00 - 24.00

Die faszinierende Regenbogen-Fontänenbrücke!

Erlebe die Regenbogen-Fontänen-Show!

Der Park ist auch bekannt für den beeindruckenden Banpo Bridge Rainbow Fountain - die weltweit längste Brückenfontäne, die sich über 1.140 Meter erstreckt! Und was ist das Beste daran? Am Abend wird die Fontäne mit leuchtenden LED-Lichtern in Szene gesetzt und erzeugt eine magische Wasser- und Lichtshow, die absolut faszinierend ist! Ein unvergesslicher Blickfang! Und ja! Die Fontäne befindet sich direkt neben der Picknickzone, so dass du das Spektakel mit deinen Picknick-Freunden genießen kannst!

	Dauer	Öffnungszeiten
Mai-Jun	20 min	12 / 19.30 / 20 / 20.30 / 21 Uhr
Jul-Aug	20 min	12 / 19.30 / 20 / 20.30 / 21 / 21.30 Uhr
Sep-Okt	20 min	12 / 19.30 / 20 / 20.30 / 21 Uhr

Hinweis: Aufgrund von Wetterbedingungen wie Regen oder starkem Wind kann der Betrieb des Wasserspiels vorübergehend eingestellt werden.

Der Moonlight Night Market ist der Hit!

Köstliche Speisen und einzigartiges Kunsthandwerk genießen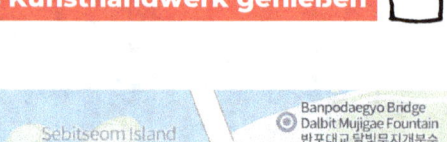

홍대 준게스트하우스 blog.naver.com/juny-house (CC BY-ND 2.0 KR)

Der Hangang Moonlight Market, der im Banpo Hangang Park (Moonlight Square) aufgebaut ist, verspricht einen einzigartigen und genussvollen Abend. Mit Imbisswagen und Kunsthandwerkern bietet der Markt eine große Auswahl an köstlichen Leckereien für die Besucher.

Hangang Moonlight Market @ Banpo Hangang Park

Veranstaltungsort: Moonlight Square
Händler: 40 Imbisswagen, 50 Stände
Öffnungszeiten: 16 - 21 Uhr (nur Sonntags) vom 7. Mai bis 11. Juni 2023

Hangang Moonlight Market @ YeouidoHangang Park

Veranstaltungsort: Cascade Plaza
Händler: 40 Imbisswagen, 50 Stände
Öffnungszeiten: 17 – 22 Uhr (Samstag und Sonntag) vom 16. Sep bis 22. Okt 2023

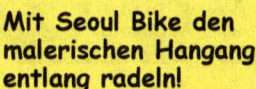 Weitere Informationen finden Sie auf der Website  bamdokkaebi.org

Mit Seoul Bike den malerischen Hangang entlang radeln!

Hangang ist die perfekte Destination für einen Tag voller Spaß beim Radfahren und Entdecken von Sehenswürdigkeiten! Entlang der 240 km langen Radwege entlang des Flusses lassen sich atemberaubende Aussichten genießen und sowohl Einheimische als auch Touristen treffen.

 Suche im App Store / Google Play nach "Seoul Bike"!

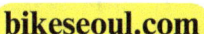 bikeseoul.com Oder besuchen Sie diese Website!

Mit Seoul Bike (tta-reung-i 따릉이 auf Koreanisch) kannst du einfach mitfahren und ein Fahrrad zu einem günstigen Preis mieten. Der Service kann entweder online oder über die mobile App genutzt werden. Echtzeit-Informationen über die Verfügbarkeit von Fahrrädern sind auf der Karte zu finden. Die Fahrradstationen sind in ganz Seoul verteilt, auch in der Nähe von Hangang, sodass du dein eigenes Abenteuer ganz einfach planen kannst. Verpasse nicht den Spaß und den Reiz der Hangang-Radwege!

Preis:
1 Stunde – 1.000 Won
2 Stunden – 2.000 Won
1 Tag – 5.000 Won

Danach werden je 5 Minuten 200 Won berechnet.

Sobald ein verfügbares Fahrrad gefunden wurde, kann man über die Website oder die App einen Pass kaufen und erhält einen Zahlencode, mit dem man das Fahrrad freischalten kann, um die Stadt in aller Ruhe zu erkunden. Die Fahrradrückgabe ist denkbar einfach, denn man kann es an jeder Seoul Bike-Station abgeben.

KÖNIGSPALÄSTE VON SEOUL

Entdecke die Schätze der koreanischen Geschichte

Bei einem Besuch der fünf Königspaläste von Seoul mit ihrer großartigen Architektur, ihren makellosen Gärten und ihrer faszinierenden historischen Bedeutung wird man in die Vergangenheit zurückversetzt und erhält einen Einblick in die reichhaltige und spannende Geschichte Koreas. Zudem erwarten dich unterhaltsame kulturelle Aktivitäten wie das Tragen der traditionellen Hanbok-Kleidung und der Besuch traditioneller Aufführungen.

KARTE VON OBER-SEOUL

Am besten startet man am Morgen mit dem **Gyeongbokgung** und arbeitet sich nach Osten zum **Changdeokgung** und **Changgyeonggung** vor. Von dort kann man in Richtung Süden nach **Deoksugung** fahren und den Tag in **Gyeonghuigung** im westlichen Teil der Stadt ausklingen lassen. Um Zeit zu sparen und den Verkehr zu umgehen, sollte man die U-Bahn nehmen.

1 **Gyeongbokgung 경복궁**

Jongno-gu, Sajik-ro 161 종로구 사직로 161
3 Minuten Fußweg (225 m) von der **Gyeongbokgung Station Ausgang 5 der U-Bahn-Linie 3**

2 **Changdeokgung 창덕궁**

Jongno-gu, Yulgok-ro 99 종로구 율곡로 99
6 Minuten Fußweg (381 m) von der **Anguk Station Ausgang 3 der U-Bahn-Linie 3**

3 **Changgyeonggung 창경궁**

Jongno-gu, Changgyeonggung-ro 185 종로구 창경궁로 185
13 Minuten Fußweg (771 m) von der **Hyehwa Station Ausgang 4 der U-Bahn-Linie 4**

4 **Deoksugung 덕수궁**

Jung-gu, Sejong-daero 99 중구 세종대로 99
1 Minuten Fußweg (80 m) von der **City Hall Station Ausgang 2 der U-Bahn-Linie 1**

5 **Gyeonghuigung 경희궁**

Jongno-gu, Saemunan-ro 45 종로구 새문안로 45
10 Minuten Fußweg (639 m) von der **Seodaemun Station Ausgang 4 der U-Bahn-Linie 5**

6 **Cheong Wa Dae 청와대**

Jongno-gu Cheongwadae-ro 1 종로구 청와대로 1
24 Minuten Fußweg (1.4 km) von der **Gyeongbokgung Station Ausgang 3 der U-Bahn-Linie 3**

Dies ist kein königlicher Palast, sondern eine Residenz, die früheren koreanischen Präsidenten diente. Seit kurzem ist er auch für die Öffentlichkeit zugänglich. Wir empfehlen unbedingt, diesen eindrucksvollen Ort als Teil deiner Tour zu besuchen!

"*Gung* 궁 bedeutet 'Palast'"

royalpalace.go.kr

 # GYEONGBOKGUNG 경복궁
"Vom Himmel gesegneter Palast"

Der größte der fünf Paläste ist der Gyeongbokgung, der sich im Norden Seouls befindet. Während der Joseon-Dynastie war er der Hauptpalast und verfügt über zahlreiche Pavillons, Gärten und Höfe.

Jan - Feb: 9 - 17 Uhr
Mär - Mai: 9 - 18 Uhr
Jun - Aug: 9 - 18.30 Uhr
Sep - Okt: 9 - 18 Uhr
Nov - Dez: 9 - 17 Uhr
(letzter Einlass ist 1 Stunde vor Schließung)

* **Dienstags** geschlossen (fällt ein nationaler Feiertag auf einen Dienstag, ist der Palast am folgenden Tag geschlossen) * Es wird ein **saisonales Nachtführungsprogramm** angeboten. Aktuelle Öffnungszeiten finden sich auf der Webseite.

Alter 19~64 3.000 Won / 2.400 won (Gruppe, 10 oder mehr)
- **Eintritt frei**: 8 Jahre und jünger, 65 Jahre und älter / Für Hanbok-Träger
- Mit dem **Kombi-Ticket/Royal Palace Pass 통합관람권 für 10.000 Won** (gegenüber 14.000 Won separat) erhält man Zugang zu **Gyeongbokgung**, **Changdeokgung** (mit Secret Garden), **Changgyeonggung**, **Deoksugung** und **Jongmyo-Schrein**. Gültig für drei Monate. Bitte zum Zeitpunkt des Besuchs vor Ort kaufen.

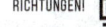

***Gyeonghuigung** ist nicht inbegriffen.

WAS GIBT ES RUND UM DEN PALAST ZU SEHEN?

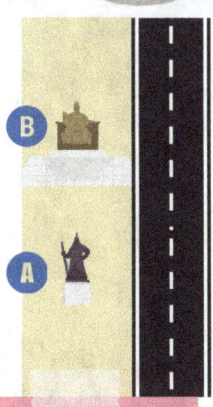

Gwanghwamun Square

A Statue von Admiral Yi Sun-Sin

Ein spektakuläres Foto mit einem legendären koreanischen Kriegshelden!

Mit dem Denkmal wird an Admiral Yi Sun-sin 이순신 erinnert, einen legendären Seekommandanten der Joseon-Dynastie, der für seinen brillanten strategischen Verstand und seine Siege gegen japanische Invasionen während des Imjin-Krieges im späten 16. Jahrhundert bekannt ist. Die Statue zeigt Admiral Yi in seiner militärischen Kleidung, mit einem Schwert in der Hand und mit zuversichtlichem Blick auf den Horizont. Sie symbolisiert den Mut, den Patriotismus und den unbeugsamen Geist des koreanischen Volkes!

Kannst du das legendäre Schildkrötenschiff finden?

Wenn du genau hinsiehst, wirst du ein Modell vom gepanzerten Schildkrötenschiff im unteren Teil der Statue finden. Erfunden wurde es von Admiral Yi Sun-sin und spielte eine entscheidende Rolle beim Sieg über die japanische Armee. Also halte Ausschau danach!

B Statue von König Sejong der Große

Posiere mit dem König und mach ein Foto!

Mit der Statue von König Sejong dem Großen wird an seine Herrschaft während der Joseon-Dynastie erinnert. Berühmt geworden ist König Sejong durch seine Förderung von Wissenschaft, Literatur und Bildung. Die Skulptur stellt ihn auf einem Thron sitzend dar, mit einem Buch in der Hand, das seinen Beitrag zur koreanischen Kultur und die Erschaffung von Hangul, dem koreanischen Alphabet, symbolisiert. Es erinnert an sein bleibendes Vermächtnis und fungiert als Symbol der koreanischen Geschichte und des Nationalstolzes. Erfahre mehr über die brillanten Erfindungen während der Regierungszeit von König Sejong!

Erfahre mehr über die brillanten Erfindungen während der Regierungszeit von König Sejong!

Direkt vor der Statue des Königs sind Nachbildungen einer Armillarsphäre, des ersten Regenmessers der Welt und einer Sonnenuhr zu sehen, die die fortschrittliche Wissenschaft während der Herrschaft des Königs repräsentieren.

Besuch des geheimen unterirdischen Museums!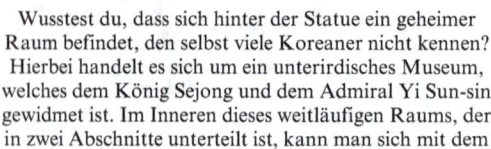

Wusstest du, dass sich hinter der Statue ein geheimer Raum befindet, den selbst viele Koreaner nicht kennen? Hierbei handelt es sich um ein unterirdisches Museum, welches dem König Sejong und dem Admiral Yi Sun-sin gewidmet ist. Im Inneren dieses weitläufigen Raums, der in zwei Abschnitte unterteilt ist, kann man sich mit dem Leben und den Errungenschaften dieser beiden historischen Persönlichkeiten vertraut machen. Dank eines breiten Spektrums an Multimedia-Inhalten und Mitmach-Aktionen erleben die Besucher die beiden Persönlichkeiten hautnah. Sobald man erwähnt, dass man diesen Ort besucht hat, werden die Leute wirklich erstaunt sein, da es sich um eine bemerkenswerte Einrichtung und Entdeckung handelt!

sejongstory.or.kr

Eintritt: gratis
Öffnungszeiten: 10 bis 18.30 Uhr (letzter Einlass 18 Uhr)
* Montags geschlossen.

(Fällt einer der gesetzlichen Feiertage auf einen Montag, ist das Museum geöffnet und am darauffolgenden Wochentag geschlossen.)

FREE AUDIO GUIDE
한국어 English
日本語 中文
Español

Verschiedene Souvenirs anfertigen!

Besuche einen Kiosk und lass deiner Kreativität freien Lauf - entwerfe ein einzigartiges Abzeichen, einen Schlüsselanhänger oder sogar einen (Handy-)Sockel, wobei du koreanische Elemente mit den legendären Figuren von König Sejong und Admiral Yi Sun-sin kombinierst!

2.000 KRW (nur mit Karte) 11.00 - 18.00 Uhr

Den eigenen Namen auf Koreanisch schreiben lernen!

Lerne, einen Schreibpinsel zu benutzen und schreibe deinen Namen in Hangul! **Direkt neben dem King Sejong Bildungszentrum KOSTENLOS von 11 bis 18 Uhr.**

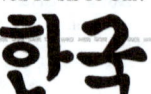

C Haupttor - Gwanghwamun

Das größte Tor des Gyeongbokgung ist das Gwanghwamun-Tor, das auch als Tor des "sich ausbreitenden Lichts" bezeichnet wird. Ursprünglich wurde es 1395 erbaut und war während der Joseon-Dynastie ein bedeutendes Wahrzeichen Seouls, als es die Hauptstadt war. Allerdings wurde das Tor im Laufe der Zeit immer wieder beschädigt und vernachlässigt. Während der japanischen Invasion im Jahr 1592 wurde es niedergebrannt und lag über 250 Jahre lang in Trümmern. Danach wurde es mehrfach restauriert, wobei die jüngste Restaurierung im Jahr 2010 der Öffentlichkeit zugänglich gemacht wurde.

Geh durch die Regenbogen-Tore!

Das Gwanghwamun hat drei regenbogenförmige Tore, wobei die Geschichte besagt, dass der König das mittlere Tor benutzte, Militärbeamte durch das linke und Zivilbeamte durch das rechte gingen. Wähle dein Lieblingstor und begib dich auf den Weg zu einem Ort deiner Wahl!

Den Aufsteigenden Phönix unter dem Bogen entdecken!

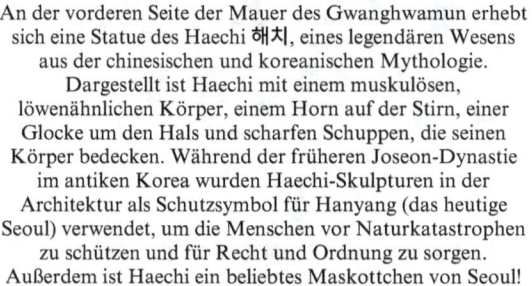

An der Decke des mittleren Tores des Gwanghwamun ist der Aufsteigende Phönix abgebildet, der einen der vier Wächter darstellt, die für die Verteidigung des Ostens, des Westens, des Nordens und des Südens verantwortlich sind. Der Phönix symbolisiert die Südrichtung. Betrete den Palast unter dem Geleit des Aufsteigenden Phönix!

Mach ein Foto mit der Statue von Haechi!

An der vorderen Seite der Mauer des Gwanghwamun erhebt sich eine Statue des Haechi 해치, eines legendären Wesens aus der chinesischen und koreanischen Mythologie. Dargestellt ist Haechi mit einem muskulösen, löwenähnlichen Körper, einem Horn auf der Stirn, einer Glocke um den Hals und scharfen Schuppen, die seinen Körper bedecken. Während der früheren Joseon-Dynastie im antiken Korea wurden Haechi-Skulpturen in der Architektur als Schutzsymbol für Hanyang (das heutige Seoul) verwendet, um die Menschen vor Naturkatastrophen zu schützen und für Recht und Ordnung zu sorgen. Außerdem ist Haechi ein beliebtes Maskottchen von Seoul!

Leih dir einen Hanbok und erhalte freien Eintritt!

Tauche ein in das Leben der Paläste, indem du einen prächtigen, voll ausgestatteten Hanbok anziehst. Das Beste daran: Wer ein komplettes Hanbok-Kostüm trägt, erhält freien Eintritt zu den Palästen. Zu beachten ist, dass ein T-Shirt und eine Hanbok-Hose nicht als vollständiges Set gelten.

Mehrere Hanbok-Verleihe gibt es in der Nähe der Gyeongbokgung Station, Ausgang Nr. 4 der U-Bahn-Linie 3

D Nationales Palast-Museum von Korea gogung.go.kr

Erforsche das Joseon-Erbe anhand von Artefakten!

In diesem Museum, das sich im Gyeongbokgung befindet, werden die kulturellen Schätze und historischen Objekte der Königsfamilie von Joseon ausgestellt und verwaltet. Auf zwei Etagen und einem Untergeschoss mit insgesamt 15 Ausstellungsräumen wird die Geschichte der Königsfamilie von Joseon präsentiert, darunter verschiedene Paläste, das koreanische Kaiserreich, königliche Gemälde und Rituale.

국립고궁박물관
Jongno-gu Hyoja-ro 12 종로구 효자로 12

Täglich 9.00 - 18.00 Uhr
(Letzter Einlass: 1 Stunde vor Schließung.)
Geschlossen am 1/1, Seollal, Chuseok

GEUNJEONGJEON 근정전 (HAUPTHALLE)

Entdecke den in Stein gemeißelten sagenumwobenen Phönix!

Sobald du den Palast betrittst, wirst du auf einen dreigeteilten Weg stoßen, der als samdo 삼도 oder "drei Wege" bekannt ist. Der Mittelweg, der am breitesten und höchsten ist, wird als königlicher Weg (eodo 어도) bezeichnet und wurde ausschließlich von den Königen benutzt. Der östlich gelegene Weg war für zivile Beamte bestimmt, während der westlich gelegene Weg für militärische Beamte bestimmt war. Entlang des Königsweges im Palastkomplex befindet sich eine phönixförmige Steinmetzarbeit, die Frieden und Wohlstand symbolisiert. Gemäß der Überlieferung fuhr die Sänfte des Königs an dieser Stelle vorbei, da er nicht zu Fuß auf dem Boden ging.

Finde die Eisenschlaufen für den Aufbau von Zelten!

Auf dem Hallenboden befinden sich Eisenschlaufen, die für den Aufbau von Zelten bei wichtigen Hofveranstaltungen verwendet werden. Diese Schlaufen dienen dem Schutz vor Regen und Sonnenlicht. Sie wurden zum Sichern von Zelten verwendet, indem eine dicke Schnur an die Eisenschlaufe gebunden wurde, die bei Bedarf die Sonne abschirmte.

HYANGWONJEONG 향원정 PAVILION

Überquere die Brücke, um zum Pavillon des "Weitreichenden Dufts" zu gelangen!

CHWIHYANGGYO 취향교
HYANGWONJI 향원지

Hyangwonjeong 향원정 - das ist ein kleiner, zweistöckiger Pavillon, der 1873 von König Gojong erbaut wurde. Der Pavillon hat die Form eines Sechsecks und befindet sich auf einer künstlich angelegten Insel namens Hyangwonji 향원지. Zwischen dem Pavillon und dem Palastgelände gibt es eine Brücke namens Chwihyanggyo 취향교. Der Name Hyangwonjeong bedeutet "Pavillon des weitreichenden Duftes" und Chwihyanggyo bedeutet "Brücke, die von Duft umnebelt ist". Ursprünglich war die Chwihyanggyo die längste Holzbrücke während der Joseon-Dynastie, wurde aber im Koreakrieg zerstört. Im Jahr 1953 wurde sie an einem anderen Ort wieder aufgebaut, doch nun befindet sie sich wieder an ihrem ursprünglichen Standort an der Nordseite der Insel.

Erkunde das Lager für koreanische fermentierte Lebensmittel!

Gleich neben dem Hyangwonjeong befindet sich der Janggo (장고), ein Lagerbereich für eine Vielzahl von Pasten, die bei königlichen Banketten, Ritualen und Mahlzeiten verwendet werden. Hier befindet sich eine umfangreiche Sammlung spezieller Steingutgefäße, die zum Fermentieren und Konservieren verschiedener Lebensmittel wie Kimchi, Bohnenpaste und Gochujang genutzt wurden. Diese Aufbewahrungsräume wurden von einer Hofdame beaufsichtigt, die als janggo mama 장고마마 bekannt war.

Geheimnisvolle Mini-Statuen auf dem Dach zu entdecken!

GYEONGHOERU 경회루 (PAVILLION)

Gyeonghoeru 경회루 hat alle 11 Statuen auf dem Dach!

Wenn du dir die Dächer koreanischer Paläste ansiehst, wirst du mysteriöse Statuen namens Japsang (잡상) entdecken. Diese Figuren sind immer in Gruppen von ungeraden Zahlen aufgestellt, normalerweise bis zu 11. Sie entspringen einem alten koreanischen Glaubenssystem und sollen böse Geister und Unglück fernhalten, ähnlich wie die Wasserspeier in westlichen Erzählungen. Zudem signalisieren sie, dass die Gebäude wichtig und beeindruckend sind. Dieser Brauch stammt vermutlich aus China, und das schon seit der Joseon-Dynastie, denn es wird angenommen, dass die Statuen Figuren und Götter aus dem chinesischen Literaturklassiker "Die Reise nach Westen" verkörpern.

Die Mauer der Langlebigkeit erkunden und sich ein langes Leben wünschen!

Etwas außerhalb von Jagyeongjeon (자경전) befindet sich die shipjangsaeng (십장생), auch bekannt als die "Zehn Symbole der Langlebigkeit". Bei diesem traditionellen koreanischen Muster werden die Sonne, der Berg, der Fels, das Wasser, die Wolke, die Kiefer, die Elixierpflanze, die Schildkröte, der Kranich und der Hirsch dargestellt. Die Bedeutung jedes einzelnen Symbols steht für Langlebigkeit, und wenn sie kombiniert werden, verstärken sie ihre individuellen Eigenschaften.

Finde sie alle!

- ○ Sonne
- ○ Berges
- ○ Felsens
- ○ Wassers
- ○ Wolke
- ○ Kiefer
- ○ Elixierpflanze
- ○ Schildkröte
- ○ Kranichs
- ○ Hirsches

Tongin Markt 통인시장
Jongno-gu Jahamun-ro 15-gil 18
종로구 자하문로15길 18

Speisen wie die Alt-Koreaner!

Werktags 11.00 - 15.00 Uhr
Wochenende & Feiertage 11.00 - 16.00 Uhr

In der Nähe des Bahnhofs Gyeongbokgung erwartet dich im zweiten Stock des Tongin Marktes ein quirliges Restaurant, in dem du ein einzigartiges Mittagessen genießen kannst. Hier kann man sein Essen mit Yupjeon 엽전 kaufen, traditionellen Münzen aus der Joseon-Dynastie. Nachdem man sein Geld in diese speziellen Münzen umgetauscht hat, kann man sich seine eigene Essensbox zusammenstellen.

풍이엉니 blog.naver.com/jjeung2_(CC BY 2.0 KR)

nfm.go.kr

Begib dich auf eine Reise auf den Spuren des gewöhnlichen koreanischen Lebens

E Nationales Volkskundemuseum von Korea

Das 1946 errichtete Museum wurde mit dem Nationalmuseum Koreas zusammengelegt - insgesamt 4.555 Artefakte wurden auf den Berg Namsan gebracht. Seit 1993 befindet es sich an seinem heutigen Standort im Gyeongbokgung. Im Museum werden über 98.000 Artefakte ausgestellt, die die Geschichte des Alltagslebens der Koreaner anschaulich darstellen. Hier kann man das Leben der Könige und der einfachen Leute in der Geschichte Koreas wunderbar miteinander vergleichen. Zusätzlich gibt es zahlreiche spannende Aktionen für jedermann zu erleben!

국립민속박물관
Jongno-gu, Samcheong-ro 37 종로구 삼청로 37

Täglich 9.00 - 18.00 Uhr
(Letzter Einlass: 1 Stunde vor Schließung.)
Geschlossen am 1/1, Seollal, Chuseok

cdg.go.kr

② CHANGDEOKGUNG 창덕궁
"Palast der Gedeihenden Tugend"

KARTE

Der im östlichen Teil von Seoul gelegene Changdeokgung ist für seine prächtigen Gärten und Naturlandschaften bekannt. Es war der Lieblingspalast vieler Könige der Joseon-Dynastie und gehört nun zum UNESCO-Weltkulturerbe.

Feb - Mai: 9.00 - 18.00 Uhr
Jun – Aug: 9.00 – 18.30 Uhr
Sep – Okt: 9.00 – 18.00 Uhr
Nov - Jan: 9.00 - 17.30 Uhr
(letzter Einlass: 1 Stunde vor Schließung)

ROYAL PALACE PASS — KOSTENLOSE FÜHRUNG 한국어 English 日本語 中文 — NIGHT TOUR PROGRAM

*__Montags__ geschlossen (fällt ein nationaler Feiertag auf einen Montag, ist das Museum am folgenden Tag geschlossen)
**Es wird ein __saisonales Nachtprogramm angeboten__. Aktuelle Öffnungszeiten auf der Website.

__Alter 19~64__ 1.000 Won / 800 won (Gruppe, 10 oder mehr)
- __Eintritt frei__: 8 Jahre und jünger, 65 Jahre und älter / Für Hanbok-Träger
- Huwon 후원 (Geheimer Garten)) hat eine Höchstzahl von 100 Personen je Termin (50 online / 50 direkt vor Ort reservierbar) Wir empfehlen daher dringend, vorab online zu reservieren.

RICHTUNGEN!

Finde den furchteinflößenden koreanischen Kobold auf der Steinbrücke!

Durch jeden koreanischen Königspalast verlief ein Bach, über den eine Steinbrücke führte. Man ließ Statuen von Kobolden anfertigen, die dokkaebi 도깨비 genannt wurden, und meißelte sie in die Steinbrücken. Die Menschen glaubten, dass diese Koboldfiguren und andere gruselige Kreaturen böse Geister fernhalten und den Palast schützen würden.

*Dies ist die älteste noch erhaltene Palastbrücke in Seoul.

__GEUMCHEONGYO__ 금천교
karendotcom127 flickr.com/photos/karendotcom127 (CC BY 2.0)

Besichtige das modernisierte Innere der Injeongjeon-Halle!

Während der Zeit der diplomatischen Beziehungen der späten Joseon-Dynastie diente die Injeongjeon-Halle als Tor zu fremden Kulturen und erhielt durch westliche Elemente wie Fenster, Glühbirnen und Vorhänge eine zeitgemäße Ausstattung. Dieser Wandel setzte sich fort, als der damalige König Sunjong 1907 in den Changdeokgung-Palast umzog, woraufhin der traditionelle jeondol 전돌 (Backstein)-Boden durch einen modernen Boden und die Einführung von elektrischen Glühbirnen erneuert wurde.

__INJEONGJEON-HALLE__ 인정전

Finde den Traditionellen Koreanischen Feuerlöscher!

In den Winkeln der Hallen sind besondere Bronzegefäße zu sehen, die deumeu 드므 oder deumu 드무 genannt werden. Sie sind mit Wasser gefüllt, um Bränden Einhalt zu gebieten und böse Feuergeister fernzuhalten. Man nahm an, diese Geister würden sich im Wasser selbst sehen und sich erschrecken. In den Wintermonaten wurden Feuer in unmittelbarer Nähe entzündet, damit das Wasser nicht gefror. Daran wird deutlich, wie der Glaube der Menschen mit wissenschaftlichem Verstand kombiniert wurde.

Entdecke die Tür, die der Schönheit des Vollmonds Tribut zollt!

NAKSEONJAE 낙선재

Das im Jahr 1847 errichtete Nakseonjae 낙선재 wurde als Rückzugs- und Studienort für König Heonjong eingerichtet. Bekannt als die letzte Residenz der königlichen Familie, ist das Innere des Gebäudes mit einer runden Tür ausgestattet, die einem Vollmond ähnelt und den künstlerischen Feingeist der Joseon-Dynastie widerspiegelt.

Dadreot. via wikimedia commons CC BY-SA 3.0

느꽃지기 blog.naver.com/kwwoolim (CC BY 2.0 KR)

Im hinteren Teil des Hauses erstreckt sich ein herrlicher Garten, neben einem schlichten und zugleich anmutigen Pavillon namens Sangryangjeon 상량정. Außerdem befindet sich an der westlichen Umzäunung ein runder Eingang aus Ziegelsteinen. Dabei handelt es sich um das letzte erhaltene Palasttor mit dieser charakteristischen Rundform. In seinem Inneren finden sich Schiebetüren, die sich seitlich verschieben lassen.

Erkunde den Geheimen Garten des Palastes

Der Geheime Garten (Huwon 후원) wurde einst während der Joseon-Dynastie angelegt und galt als privater Zufluchtsort für die königliche Familie, um ihr eine friedliche Oase der Ruhe vor den Anforderungen des Hoflebens zu bieten. Besucher können heute im Rahmen geführter Touren die friedvolle Atmosphäre, die verschlungenen Pfade, die malerischen Teiche und die traditionellen Pavillons besichtigen.

Für die Besichtigung ist eine eigene Eintrittskarte erforderlich, da der Eingang vom Hauptpalast separat ist. Da die Anlage recht empfindlich ist, sind die Besucherzahlen pro Tag begrenzt, und der Zutritt wird durch zeitlich abgestimmte Führungen gewährt. Nähere Informationen sind auf der Webseite zu finden.

HUWON 후원

Die Bar im Freien für lustige Trinkgelage!

In der Nähe des Huwon ("Hinterer Garten") gibt es einen Bach namens Ongnyucheon 옥류천 ("Jadebach"). Er hat einen U-förmigen Wasserkanal, den man 1636 für schwimmende Weinbecher angelegt hat. Auch ein kleiner Wasserfall und ein Gedicht, das auf einem großen Felsen darüber geschrieben steht, sind zu sehen. Außerdem findet man in diesem Bereich fünf kleine Pavillons.

3 CHANGGYEONGGUNG 창경궁
"Palast der Herrlichen Freude"

cgg.cha.go.kr

Der Changgyeonggung ist im östlichen Teil von Seoul gelegen, direkt neben dem Changdeokgung. Er wurde zunächst als Sommerpalast erbaut, später aber in einen botanischen Garten umgewandelt.
*Man kann vom Changdeokgung-Palast aus starten und durch den Hinteren Garten 후원 (Huwon) zu ihm gelangen.

Täglich 9 - 21 Uhr
(letzter Einlass: 1 Stunde vor Schließung)

*Montags geschlossen
(fällt ein nationaler Feiertag auf einen Montag, ist das Museum am folgenden Tag geschlossen)
*Es wird ein **saisonales Nachtprogramm** angeboten. Aktuelle Öffnungszeiten auf der Website.

Alter 19~64 1.000 Won / 800 won (Gruppe, 10 oder mehr)
- **Eintritt frei**: 8 Jahre und jünger, 65 Jahre und älter / Für Hanbok-Träger

Einen Tag im Leben eines Hofbeamten erleben!

MYEONGJEONJEON 명정전 (MAIN HALL)

Die "Rangsteine", sogenannte pumgyeseok 품계석, sind fein säuberlich in zwei Reihen angeordnet und gewähren einen Einblick in die Welt der Hofbeamten und ihre Rolle bei Zeremonien. Suche dir deinen bevorzugten Rang aus und stelle dich daneben, um ein Foto zu machen!

Schau dir den königlichen Thron des Königs mit den über ihm schwebenden majestätischen Phönixen an!

Der Phönix-Thron, kurz eojwa 어좌 genannt, verkörpert die ultimative Autorität des Königs und hat eine tiefgreifende Bedeutung. Die Verbindung zwischen dem Phönix und dem koreanischen Königtum besteht seit langem und zeigt sich in verschiedenen Aspekten wie den Grabmalen des Königreichs Goguryeo 고구려.

Der königliche Bildschirm und seine Bedeutung!

Irworobongdo 일월오봉도, auch als "Sonne, Mond und Fünf-Gipfel-Gemälde" bekannt, ist eine traditionell koreanische Faltwand, die in der Joseon-Dynastie hinter dem Königsthron aufgestellt wurde. Dargestellt ist eine stilisierte Landschaft mit der Sonne, dem Mond und fünf Gipfeln, die den König, die Königin und ein mythisches Land symbolisieren. Mit diesem Paravent wurde die Majestät des königlichen Hofes von Joseon prächtig zur Schau gestellt.

Besuche die Heilige Königliche Plazenta-Kammer!

Taesil 태실, was "Plazentakammer" bedeutet, ist eine Konstruktion, die errichtet wurde, um die Nabelschnur und die Plazenta von König Seongjong 선종, der von 1469 bis 1494 regierte, aufzubewahren. Dieses Verfahren beruhte auf der Tradition und dem Glauben der Dynastie, wonach die Aufbewahrung der Plazenta der königlichen Erben an glücksbringenden Orten im ganzen Land mit dem Schicksal der Herrscherfamilie verbunden war.

Dieses Steininstrument zeigt an, aus welcher Richtung der Wind weht!

Wei-Te Wong flickr.com/photos/wongwt (CC BY-SA 2.0)

Punggidae 풍기대 ist ein Stein-Messgerät, mit dem man die Windgeschwindigkeit und -richtung bestimmen kann. In eine Öffnung an der Spitze des Steins wird eine Stange gesteckt, an deren Ende ein Stück Stoff befestigt ist, um die Windrichtung anzuzeigen.

Die Sonnenuhr und ihre Bedeutung für die Zeit ermitteln!

Bei der Sonnenuhr Angbuilgu 앙부일구 handelt es sich um eine umgedrehte Kessel-Sonnenuhr, die während der Herrschaft von König Sejong im Jahr 1434 angefertigt wurde und für ihre Fähigkeit bekannt ist, die lokale Sonnenzeit und die vierundzwanzig Sonnenzeiten anzuzeigen.

*Hierbei handelt es sich um eine Nachbildung, während das eigentliche Exemplar im **Nationalen Palastmuseum im Gyeongbokgung** aufbewahrt wird.*

Eine Vielfalt von Pflanzen in Koreas erstem Gewächshaus im westlichen Stil zu sehen!

Das im Jahr 1909 errichtete Daeonsil 대온실 ("Großes Gewächshaus") ist das erste Gewächshaus Koreas im westlichen Stil, das neben einem Palastzoo von der japanischen Kolonialregierung errichtet wurde. Entworfen von einem japanischen Architekten und gebaut von einer französischen Firma, besteht das Gebäude aus einer Kombination von Stahl und Holz mit einer Glasfassade. Anfänglich stellte es exotische Pflanzen aus, später, nach der Restaurierung des Palastes im Jahr 1986, wurden dann auch heimische koreanische Pflanzen präsentiert.

4 DEOKSUGUNG 덕수궁
deoksugung.go.kr
"Palast der Tugendhaften Langlebigkeit"

Mitten im Herzen Seouls, in der Nähe des Rathauses, befindet sich Deoksugung. Er diente während der späten Joseon-Dynastie als Residenz der königlichen Familie und zeichnet sich durch eine gelungene Verschmelzung von traditioneller und moderner (westlicher) Architektur aus.

Täglich 9 - 21 Uhr
(letzter Einlass: 1 Stunde vor Schließung)

ROYAL PALACE PASS | KOSTENLOSE FÜHRUNG 한국어 English 日本語 中文 | NIGHT TOUR PROGRAM

*Montags geschlossen
(fällt ein nationaler Feiertag auf einen Montag, ist das Museum am folgenden Tag geschlossen)
*Es wird ein saisonales Nachtprogramm angeboten. Aktuelle Öffnungszeiten auf der Website.

Alter 19~64 1.000 Won / 800 won (Gruppe, 10 oder mehr)
- Eintritt frei: 8 Jahre und jünger, 65 Jahre und älter / Für Hanbok-Träger

KARTE
RICHTUNGEN!

Schau dir die offizielle Zeremonie zum Wechsel der königlichen Garde an!

*Dies ist das Daehanmun 대한문-Tor, welches auch der Kartenschalter für den Palast ist.

Zu Zeiten der Joseon-Dynastie war die königliche Garde eine Art Landesverteidigung und diente dem König zur Wahrung von Kontrolle und Ordnung. Die erste Torwache fand im Jahr 1469 statt, als König Yejong die Herrschaft übernahm. Weitere Regeln für die Organisation der Torwache wurden während der Herrschaftsperiode von König Seongjong in das Nationalgesetzbuch aufgenommen. Seit 1906 findet eine Zeremonie zur Ablösung der königlichen Wache vor dem Daehanmun-Tor statt, das somit zum Haupteingang des Palastes wird.

*Die Zeremonie wird täglich um 11 Uhr und 14 Uhr abgehalten (außer montags).

Unglaubliche Illustrationen auf der Drachentrommel!

Die Yonggo 용고, auch "Drachentrommel" genannt, ist eine für die Militärmusik verwendete Fasstrommel namens Daechwita 대취타. Ihre Felle sind mit aufgemalten Drachenmotiven versehen und werden mit zwei gepolsterten Stöcken angeschlagen.

Überquere die Steinbrücke und reinige deine Seele!

Gleich hinter dem Tor liegt die Geumcheongyo 금천교 (sie hat denselben Namen wie die Brücke in Changdeokgung, die 1411 erbaut, später wieder freigelegt und 1986 restauriert wurde). Diese Brücke ist die älteste erhaltene Brücke in Seoul. Beim Betreten des Tores überquert man einen Bach, der ein heiliges Becken symbolisiert, das in jedem Königspalast zu finden ist. Mit diesem Akt reinigt man sich vor dem Eintreten.

Den emporsteigenden Phönix und den Drachen auf den Dachziegeln entdecken!

Das Kachelmuster auf dem Yuhyeonmun 유현문, der zum Hamnyeongjeon 함녕전, dem Schlafzimmer des Königs, führt, zeigt die lebhaften Muster von einem Phönix und einem Drachen. Sie symbolisieren die königliche Autorität.

Die mystischen Symbole des Architekten im westlichen Stil besichtigen!

Das um 1900 errichtete Gebäude Jeonggwanheon 정관헌 liegt auf dem Hügel des Hinteren Gartens mit Blick auf den Palast und ist ein Ort der Entspannung und Unterhaltung. Es vereint sowohl koreanische als auch westliche Architekturelemente und wurde von einem russischen Architekten entworfen. An den oberen Säulen des Gebäudes finden sich Schnitzereien mit traditionellen koreanischen Motiven, darunter blaue und goldene Drachen, Fledermäuse und Blumenvasen.

Fledermäuse werden als Symbole des Glücks angesehen, die böse Geister abwehren und Fruchtbarkeit repräsentieren.

Das Hirschsymbol, das ein Kraut der ewigen Jugend trägt, ist als bulocho 불로초 bekannt.

Die im westlichen Stil gefertigten Fliesen schmücken den Boden des Jeonggwanheon.

Die Vergangenheit und die Gegenwart Koreas auf einem einzigen Foto festhalten!

Das historische Gebäude Seokjojeon 석조전 wurde im Jahr 1900 als Hauptsaal und Residenz von König Gojong errichtet. Die von einem britischen Architekten entworfene Anlage, in der westliche und koreanische Architekturstile kombiniert wurden, war Zeuge bedeutender Ereignisse und wurde in den 1990er Jahren restauriert. Auf der Rasenfläche gegenüber dem Wasserbrunnen lässt sich ein Foto machen, das die Vergangenheit und die Gegenwart Koreas auf wunderbare Weise miteinander verbindet und westliche Einflüsse mit koreanischen Traditionen vermischt!

Das Seokseokjeon umfasst das Donggwan 동관 (Ostgebäude) und das Seogwan 서관 (Westgebäude). In dem Hauptgebäude, dem Donggwan, ist gegenwärtig das Museum für die Geschichte des Daehan (koreanisches Kaiserreich) untergebracht, das Exponate aus der königlichen Familie ausstellt, während das später hinzugefügte Seogwan nunmehr das Nationalmuseum für moderne und zeitgenössische Kunst beherbergt.

Daehan Empire History Museum (Donggwan)   Di. - So. : 9.30 - 16.30 Uhr **Mon. geschlossen**

Erdgeschoss kann man sich ohne Reservierung frei bewegen. Für den 1. und 2. Stock ist eine Reservierung erforderlich.

deoksugung.go.kr

Nationalmuseum für moderne und zeitgenössische Kunst (Seogwan)
Di., Do., Fr., So.: 10 - 18 Uhr. / Mi., Sa. : 10 - 21 Uhr / **Mon. geschlossen**

mmca.go.kr

* Das Erdgeschoss ist frei zu besichtigen.

In Seoul gibt es einen bestimmten Ort, den du möglicherweise nicht mit deinem Partner erkunden möchtest - den Deoksugung Doldamgil 덕수궁 돌담길, auch bekannt als "Steinmauerweg". Dieser Pfad verläuft entlang der Steinmauer, die das Deoksugung-Gebiet umgibt, und erscheint auf den ersten Blick reizvoll.

Es existiert jedoch eine verbreitete Legende, die besagt, dass das Begehen dieses Weges zur Trennung von Paaren führen kann. Obwohl die genauen Ursprünge dieser Legende unklar sind, sollte man bedenken, dass der Weg letztendlich zum Familiengericht von Seoul führt, wo viele Paare, die sich trennen wollen, durchgehen müssen. Wagt ihr es, euer Glück zu testen?

Seid ihr ein Paar? Teste bei einem Spaziergang auf dem Steinmauerpfad euer Glück!

Besuche die Starbucks-Filiale, die mit traditionell koreanischem Design gestaltet ist!

Ganz in der Nähe des Deoksugung-Palastes gibt es eine einzigartige Starbucks-Filiale, die es nur in Korea gibt. Die Hwangudan 환구단-Filiale ist wunderschön im Stil der traditionellen koreanischen Hanok-Architektur gestaltet, welche als Inspiration für das Innendekor und die Gegenstände dient.

Das Geschäft befindet sich im Westin Josun Hotel!

Starbucks Hwangudan
스타벅스 환구단점
Jung-gu Sogong-ro 112
중구 소공로 112

5 GYEONGHUIGUNG 경희궁
"Palast der Freude und Harmonie"

Die Arbeiten an diesem Palast wurden 1620 abgeschlossen. Seit der japanischen Invasion im Jahr 1592 ist er ein von der königlichen Residenz Changdeokgung separater Palast, der als Westpalast bekannt ist. Zu seiner Blütezeit beherbergte der Gyeonghuigung über 100 Säle; allerdings wurden die meisten durch Brände zerstört, während die verbliebenen abgerissen wurden, um den Gyeongbokgung zu erweitern. Seit der politischen Befreiung 1945 war hier bis 1978 die Seoul High School untergebracht. Ab 1985 wurden Restaurierungsarbeiten durchgeführt, die auch die Sungjeongjeon-Halle umfassten.

Täglich 9 - 6 p.m.
(letzter Einlass: 1 Stunde vor Schließung)

*Montags geschlossen
(fällt ein nationaler Feiertag auf einen Montag, ist das Museum am folgenden Tag geschlossen)

Eintritt frei

Ein Blick in das Leben des Königs!

Innerhalb des Sungjeongjeon 숭정전 befindet sich eine beeindruckende Mini-Ausstellung, die das Leben im Palast anschaulich nachstellt. Versetze dich selbst in die Zeit, als man auf dem Phönix-Thron saß, und erlebe die Pracht dieses aufwändig restaurierten Raums, um eine Vorstellung davon zu bekommen, wie es in der Vergangenheit ausgesehen haben muss.

SUNGJEONGJEON 숭정전

Kannst du alle 17 Königlichen Objekte finden?

Mithilfe des Bildes kannst du alle 17 königlichen Gegenstände im Gebäude ausfindig machen und identifizieren. Rate anhand des Aussehens und der Umgebung, wofür die einzelnen Gegenstände verwendet wurden!

- 1. Königlicher Bildschirm
- 2. Ehrenflagge (Cheongseon 청선)
- 3. Räucherstäbchenhalter / Vase
- 4. Königlicher Thron (Eojwa 어좌)
- 5. Sitz des Sekretärs
- 6. Lesetisch
- 7. Inkstone-Tisch
- 8. Sitz des Historiographen
- 9. Lampe
- 10. Ehrenflagge (Sonnenschirm 일산)
- 11. Ehrenflagge (Dragon Fan 용선)
- 12. Ehrenflagge (Phoenix Fan 봉선)
- 13. Schwert
- 14. Ehrenflagge (Hongyangsan 홍양산)
- 15. Ehrenflagge (Geumwolbu 금월부)
- 16. Ehrenflagge (Sujeongjang 수정xnxx)
- 17. Weihrauchbrenner / Weihrauch

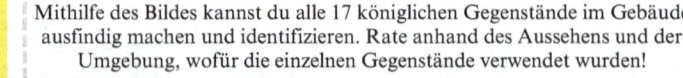

TAERYEONGJEON 태령전

Begegnung mit dem Porträt von König Yeongjo!

Zu Beginn hatte das Taeryeongjeon 태령전 keinen besonderen Zweck und keine besondere Funktion. Doch im Jahr 1744, im 20. Jahr der Herrschaft von König Yeongjo, fand eine Renovierung statt, bei der ein ausgewählter Platz für das Porträt des Königs innerhalb des Gebäudes vorgesehen wurde.

Den Grund für den Bau des Palastes kennenlernen - den Königsfelsen!

Unter dem Namen Wangam 왕암 (Königsfelsen) wurde der hinter dem Tempel Taeryeongjeon gelegene Felsen ursprünglich Seoam 서암 genannt. Die Bezeichnung "Wangam" geht auf den Volksglauben zurück, wonach Gwanghaegun, ein früherer König, eine majestätische Energie spürte, die von dem Felsen ausging, und beschloss, in seiner Nähe Gyeonghuigung zu errichten. Im Jahr 1708, im 34. Jahr der Herrschaft von König Sukjong, erfolgte die offizielle Umbenennung in Seoam, wobei König Sukjong persönlich den Namen in chinesische Schriftzeichen eintrug, die anschließend kunstvoll in einen Stein graviert wurden.

INNERHALB DES PALASTGELÄNDES

Geschichtsmuseum Seoul

museum.seoul.go.kr

Begib dich auf eine Zeitreise in die Vergangenheit und Gegenwart von Seoul!

Das Museum lädt zu einer umfassenden Tour durch die Geschichte und Kultur Seouls ein, beginnend mit prähistorischen Epochen bis hin zur Moderne. Von der illustren Joseon-Dynastie bis zur japanischen Kolonialherrschaft taucht man hier in die bemerkenswerte Entwicklungsgeschichte Seouls ein, insbesondere in die erstaunlichen Fortschritte, die die Stadt nach dem Koreakrieg gemacht hat.

Jjw, (CC BY-SA 3.0), via Wikimedia Commons

서울역사박물관
Jongno-gu Saemunan-ro 55 종로구 새문안로 5

Täglich 9 - 18 Uhr
(Letzter einlass 17.30 Uhr)
Montags geschlossen and 1/1)

⑥ CHEONG WA DAE 청와대
"Die Ehemalige Residenz der Präsidenten Koreas"

Das aufgrund seiner einzigartigen blauen Kacheln auch als "Blaues Haus" bekannte Gebäude wurde 1946 erbaut und diente bis 2022 als Amtssitz und Residenz des südkoreanischen Präsidenten. Die heute der Öffentlichkeit zugängliche Institution erstreckt sich über etwa 62 Hektar und wurde auf dem historischen Gelände des königlichen Gartens der Joseon-Dynastie errichtet. Dank seiner atemberaubenden Kulisse in der Nähe des Berges Bugaksan ist es für Besucher in Korea ein unvergessliches Erlebnis. Um mehr über die verfügbaren Programme zu erfahren und sich anzumelden, sollte man die entsprechende Webseite besuchen.

자부 blog.naver.com/zaab
(CC BY 2.0 KR)

März-November 9 - 18 Uhr (letzter Einlass 17:30 Uhr)
Dezember-Februar 9 - 17:30 Uhr (letzter Einlass 17:00 Uhr)
(Mit Reservierung und Anmeldung vor Ort)

Eintritt frei

*****Dienstag** geschlossen
(Wenn ein nationaler Feiertag auf einen Dienstag fällt, ist die Ausstellung am darauffolgenden Tag geschlossen)

Weitere Informationen zur Anmeldung vor Ort:
- Voraussetzungen: Senioren ab 65 Jahren, Personen mit eingeschränkter Mobilität (1 Begleitperson möglich), Personen, die Anspruch auf nationale Veteranenleistungen haben, und ausländische Staatsbürger
- Orte der Antragstellung: **Haupttor-Informationszentrum**, **Chunchumun 춘추문 37**. Tor-Informationszentrum

Maximale Anzahl von Teilnehmern
Individuelle Reservierung: 6
Gruppenreservierung: 20-50
65 oder älter/behinderte Personen: 6

> opencheongwadae.kr/eng
>
> *Die Reservierungsseite ist nur auf Koreanisch verfügbar. Möglicherweise musst du die Übersetzungsfunktion deines Browsers nutzen.*

> *Der Zutritt und der Ausstieg ist an jeder Stelle möglich, und die Besuchszeit ist nicht auf eine bestimmte Zeit begrenzt.*

Nimm einen selbstfahrenden Bus, um dorthin zu gelangen!

Ein Mix aus Tradition und Moderne! Erlebe eine Fahrt mit unserem autonomen Bus. Dieses innovative Fahrzeug pendelt entlang des Gyeongbokgung Stonewall Walk und legt eine Strecke von 2,6 km / 1,6 Meilen zurück. Keine Reservierung erforderlich - einfach einsteigen und die Fahrt genießen!

Buslinie A01
Haltestelle: : in der Nähe des Haupteingangs des Nationalpalastmuseums (Gyeongbokgung) / neben dem Ausgang Nr. 5 der U-Bahn-Linie 3 der Station Gyeongbokgung

Öffnungszeiten:
(Mo-Fr) 9 - 17 Uhr (12 - 13 Uhr Pause);
(Sa-So) 9 - 17 Uhr (12:00 - 13 Uhr Pause)

Fahrpreis: kostenlos
(Fahrschein erforderlich)

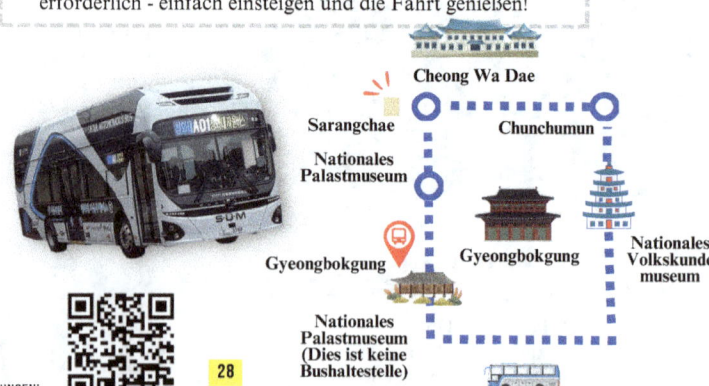

Schlüpfe in die Rolle des koreanischen Präsidenten!

Sarangchae 사랑채 (direkt gegenüber der Bushaltestelle Cheongwadae) ist eine Einrichtung, die den Besuchern die Geschichte und die Aufgaben von Cheong Wa Dae nahebringt. Im Innenbereich findet man einen Stuhl, der wie der Stuhl des Präsidenten ausgestattet ist. Setze dich und stell dir vor, du wärst der Präsident von Südkorea!

Geh unter diesem Tor hindurch für Ewige Jugend!

Versäum es nicht, unter dem zauberhaften Bulomun 불로문-Tor am Eingang des Kleinen Gartens hindurchzugehen. Einer Legende zufolge bringt der Gang darunter ewige Jugend. Also, wünsch dir ein Leben voller Gesundheit und Langlebigkeit - der Garten heißt dich willkommen, dich dieser glückbringenden Tradition anzuschließen.

자부 blog.naver.com/zaaboo (CC BY 2.0 KR)

Übernimm die Rolle eines Pressesprechers des Präsidenten!

Das Pressezentrum von Cheong Wa Dae informiert die Medien über die Politik und wichtige Angelegenheiten. Wie wäre es, wenn du hier ein unvergessliches Erinnerungsfoto machen würdest? Wenn Stress dir nichts ausmacht, könnte vielleicht die Rolle eines Pressesprechers des Präsidenten deine wahre Berufung sein!

쪼리 blog.naver.com/jj0ry (CC BY-SA 2.0 KR)

Schreite auf dem Heritage Trail und genieße die Aussicht von hoch oben!

자부 blog.naver.com/zaaboo (CC BY 2.0 KR)

Umgeben von wunderschöner Natur, bietet der Heritage Trail vom Bugaksan-Berg einen atemberaubenden Blick auf Cheong Wa Dae und Seoul. Der Weg beginnt hinter der Präsidentenresidenz. Die Wanderung führt etwa 510 Meter bergauf und bietet einen weitreichenden Blick auf Orte wie Gyeongbok und das moderne Seoul. Darüber hinaus kann man den idyllischen Ounjeong-Pavillon besichtigen und einen alten sitzenden Buddha aus Stein bestaunen. Dieser Pfad vereint Geschichte, Natur und modernes Leben und ist ein 30-minütiges Abenteuer, an das man sich immer mit Freude erinnern wird. Anschließend kehrt man zum Hauptbürogebäude zurück.

Hanok-Dörfer

KARTE VON OBER-SEOUL

Eine Reise in die Vergangenheit – Erleben des koreanischen Lebensstils

Schlender durch die Straßen dieser historischen Stadtviertel und erlebe die einzigartige Schönheit der traditionellen koreanischen Architektur. Werde Teil der traditionellen koreanischen Lebensweise und gewinne ein tieferes Verständnis für die reiche Kultur und das Erbe des Landes. Mit ihren charmanten Cafés, heimischen Geschäften und eindrucksvollen architektonischen Details bieten diese Dörfer einen Einblick in die Vergangenheit Koreas.

RICHTUNGEN!

Hanok-Dorf Bukchon 북촌 한옥마을 Jongno-gu, Gahoe-dong 31-48 종로구 가회동 31-48
17 Minuten Fußweg (865 m) von der **Anguk Station Ausgang 2 der U-Bahn-Linie 3**

Im Herzen Seouls, zwischen Gyeongbokgung und Changdeokgung gelegen, zeichnet sich der Ort durch seine Weitläufigkeit und seine Größe aus. Rund 900 gut erhaltene traditionelle Hanok-Häuser sind hier zu finden, die noch immer von den Einheimischen bewohnt werden. Zwar dient es in erster Linie als Wohngebiet, doch einige Häuser wurden in Kulturzentren, Gästehäuser und Geschäfte umgewandelt, die den Besuchern Einblicke in das tägliche Leben der Bewohner gewähren. Zusätzlich ist das Dorf zwischen zwei Palästen gelegen und gewährt einen spektakulären Einblick in die traditionelle Architektur im Kontrast zur modernen Skyline Seouls.

Knips das perfekte Selfie beim schönsten Fotospot!

Das Hanok-Dorf Bukchon ist ein beliebter Anlaufpunkt für ausländische Touristen und dient häufig als Kulisse in Dramen und Filmen. Ein besonderer Ort ist der Foto-Spot, der sich auf den Ziegeldachhäusern befindet. Ein wahrlich spektakulärer Anblick!

Jongno-gu, Gahoedong 31-65
종로구 가회동 31-65

Er liegt etwa 15 Gehminuten von der Anguk Station entfernt.

RICHTUNGEN!

Probiere die berühmte handgefertigte Nudelspeise!

Samcheongdong Sujebi 삼청동 수제비
Jongno-gu, Samcheong-ro 101-1
종로구 삼성로 101-1

Täglich 11 - 21 Uhr

Das 1982 gegründete und kürzlich vom Michelin-Führer ausgezeichnete Restaurant ist vor allem für seine delikaten Sujebi 수제비 (handgerissene Nudeln) in würziger Sardellenbrühe bekannt, aber auch für seine köstlichen Kartoffelpuffer.

 Wer außerhalb der Mittagszeit vorbeischaut, kommt schneller dran.

Genieße die herrliche Umgebung mit einer Tasse koreanischen Tees!

구링빠 blog.naver.com/donggoo1214 (CC BY-SA 2.0 KR)

Cha Teul 차마시는 뜰
Jongno-gu, Bukchon-ro 11na-gil 26
종로구 북촌로11나길 26

So. 11 - 21 Uhr
Di. - Fr. 12 - 21 Uhr
Mo. geschlossen.

Inmitten malerischer Architektur und traditioneller koreanischer Gärten gelegen, bietet dieses Teehaus eine authentische Begegnung mit der traditionellen koreanischen Teekultur. Zu den angebotenen Teesorten wie Glockenblumen-, Pflaumen-, Jujube- und Silbergras-Tee können die Besucher klassische koreanische Süßspeisen und Reiskuchen mit Genuss verzehren.

RICHTUNGEN!

Den Drehort des Films "The Assassination" besuchen!

Bekannt durch Kinofilme wie "The Assassination" und "Reborn Rich", ist dieses Haus als ehemaliger Wohnsitz von Baek In-je, der Gründerin des Baek-Krankenhauses, von historischem Wert. Es ist Seouls zweitgrößtes traditionelles Haus und bietet freien Eintritt sowie einen Fotospot im Nebengebäude, der die Besucher dazu einlädt, das Besondere des Hauses in bewegenden Bildern festzuhalten.

RICHTUNGEN!

Jongno-gu, Gahoe-dong 11-7
종로구 가회동 11-7
Das Haus von Baek Inje 백인제 가옥
Di. - So. 9 - 18 Uhr Mo. geschlossen.

이책어때 blog.naver.com/whyreadbooks (CC BY-ND 2.0 KR)

Lerne, einen traditionellen koreanischen Knoten zu knüpfen!

In diesem Workshop lernst du die Raffinesse traditioneller koreanischer Zierknoten wie Quasten, Taillenbänder und Fächerornamente kennen, die in Verbindung mit modernen Designs kombiniert werden. Erfahre hautnah die Verschmelzung von Tradition und Innovation und fertige in diesem praktischen Kurs eine Handyschnur, ein Armband und eine Halskette unter Verwendung der altehrwürdigen koreanischen Knotentechnik an. In diesem Workshop werden Geschichte und Kreativität sprichwörtlich miteinander verbunden und Kunsthandwerkskurse für alle Fähigkeitsgrade angeboten.

Knüpfwerkstatt Donglim 동림 매듭공방
Jongno-gu, Gahoe-dong 11-7
종로구 가회동 11-7
Di. - So. 10 – 18 Uhr   shimyoungmi.com

RICHTUNGEN!

Nimm an den zahlreichen Handwerksprogrammen von Bukchon teil!

Mit einem Erlebniszentrum, einem Bildungszentrum und einer Ausstellungshalle bietet Bukchon reichlich Möglichkeiten, traditionelles koreanisches Kunsthandwerk zu erlernen und zu praktizieren. Trotz der kleinen Räumlichkeiten wird ein vielfältiges Angebot an Handwerksprogrammen offeriert, das je nach Wochentag variiert und in kleinen Gruppen von etwa 10 Personen durchgeführt wird. Die Teilnahme an den traditionellen Handwerksaktivitäten ist für jedermann möglich, ohne dass eine Reservierung erforderlich ist!

Bukchon Traditionelles Kunsthandwerk Erlebniszentrum 북촌전통공예체험관
Jongno-gu, Gahoe-dong 11-7
종로구 가회동 11-7
Mär - Okt : Täglich 10 – 18 Uhr
Nov - Feb 10 - 17 Uhr (außer Seollal & Chuseok)
Tel: 02-741-2148

RICHTUNGEN!

Segne ein Hochzeitspaar!

Das Hanok-Dorf Bukchon gilt nicht nur als beliebtes Touristenziel, sondern ist auch ein begehrter Ort für Hochzeiten. Mit etwas Glück begegnet man einem Paar, das sich gerade das Eheversprechen gibt! Wie wäre es, wenn du ihnen einen herzlichen Segen für ihren besonderen Tag zusprichst?

Erkunde die koreanische Volkskunst und entdecke dein künstlerisches Talent!

Mit dem Schwerpunkt auf Volksmalerei umfasst die umfangreiche und beeindruckende Sammlung des Museums 2.000 Exponate aus der ruhmreichen Joseon-Dynastie. Alle Besucher sind herzlich eingeladen, an einer Vielzahl von Aktivitäten im Bereich der Volksmalerei teilzunehmen, darunter das Zeichnen von Talismanen, das Ausmalen von Volksbildern und sogar das Herstellen eigener Fächer mit aufwändigen Volksmalereimotiven.

Gahoe Museum 가회박물관
Jongno-gu, Bukchon-ro 52
종로구 북촌로 52
Di. - So. 10 - 18 Uhr
gahoemuseum.org

Namsangol Hanok Dorf 남산골 한옥 마을   Jung-gu, Toegye-ro 34-gil 28 중구 퇴계로34길 28

6 Minuten Fußweg (306 m) von der **Chungmuro Station Ausgang 4 der U-Bahn-Linie 3 oder 4**

hanokmaeul.or.kr   Di. - So. 9 - 20 Uhr Mo. geschlossen.

RICHTUNGEN!

Das Hanok-Dorf Namsangol ruht am Fuße des Berges Namsan, in der Nähe von Myeongdong. Bei dem Dorf mit seinen fünf traditionellen Hanok-Häusern handelt es sich um ein kleineres Dorf, das gezielt als Touristenziel errichtet wurde und die Möglichkeit bietet, das Leben der Vorfahren kennenzulernen und nachzuempfinden. Ein besonders schöner Aspekt ist die Möglichkeit, die Innenräume zu besichtigen und ein tieferes Verständnis der traditionellen koreanischen Architektur und Bräuche zu erlangen. Außerdem kann man an kulturellen Programmen teilnehmen, Aufführungen erleben und Ausstellungen besuchen.

Finde das Haus, geschmückt mit traditionellen koreanischen Laternen!

Fotografiere ein Haus, das mit Cheongsachorong 청사초롱, einer traditionellen koreanischen Laterne, dekoriert ist. Für diese Laternen werden in der Regel rote und blaue Seidenschirme verwendet und eine Kerze im Inneren des Gehäuses platziert. Ursprünglich wurden sie bei Hochzeitszeremonien genutzt, mittlerweile werden sie in verschiedenen kulturellen Ausstellungen in ganz Korea zur Schau gestellt.

Erfahre mehr über die wissenschaftliche Funktionsweise des traditionellen Heizsystems, Ondol!

Suche nach einem Haus mit einem Schrein für die Ahnen!

Es war üblich, in traditionellen koreanischen Häusern Schreine zu errichten, um den Ahnen Respekt zu zollen. Besuche ein Haus mit einem solchen Schrein und finde heraus, welche Opfergaben auf den Tisch gestellt werden!

Wer die Küche eines Hanok-Hauses betritt, wird erkennen, wie die Koreaner ihr Haus im Winter warm hielten. Das agungi 아궁이, eine Heizplattform für den Kessel, nutzte die Restwärme, um die Fußböden in den Räumen zu erwärmen. Dieses Heizsystem war unter dem Namen ondol 온돌 bekannt, und das kann man im jjimjilbang 찜질방, einem koreanischen Spa, erleben.

Eine traditionelle koreanische Hochzeitszeremonie live erleben!

Sollte eine Hochzeit stattfinden, dann bist du herzlich eingeladen, die Zeremonie aus der Ferne zu verfolgen. Schließlich handelt es sich um eine echte Hochzeit und nicht um eine Inszenierung!

**Mär — Nov
(außer Juli und August)
Sa. and So.
11 / 13 / 15 Uhr**

Koreas Straßenküche

Probiere die beliebtesten Straßengerichte Koreas

KARTE VON OBER-SEOUL

Genieße authentische Aromen koreanischer Straßenrestaurants und lasse dich von der lebhaften Atmosphäre anstecken, wo Einheimische zusammenkommen, um ihre Lieblingsgerichte zu genießen. Erlebe die wahre Essenz der koreanischen Küche, ganz wie ein Einheimischer!

Gwangjang-Markt 광장시장
Jongno-gu, Changgyeonggung-ro 88
종로구 창경궁로 88

RICHTUNGEN!

5 Minuten Fußweg (296 m) von der **Jongno-5(o)-ga Station Ausgang 8 der U-Bahn-Linie 1**

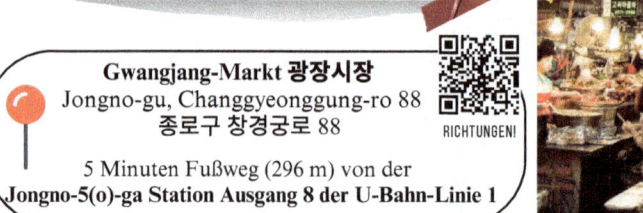

Der Gwangjang-Markt ist ein lebhafter traditioneller Markt, den man als Ausländer besuchen sollte, um ein aufregendes kulturelles Erlebnis zu haben. Hier gibt es eine Vielzahl von Dingen zu sehen und zu probieren, darunter köstliches koreanisches Straßenessen, prächtige Textilien und handgefertigtes Kunsthandwerk.

Koste das beliebte "Kim Tteok Soon"-Trio der Koreaner!

"Kim Tteok Soon 김떡순" ist eine verspielte Abkürzung, die für das populäre koreanische Straßenessen-Trio steht: Kimbab 김밥, Tteokbokki 떡볶이, und Soondae 순대. All diese Gerichte sind bei den Einheimischen so beliebt, dass sie sogar einen Namen wie eine echte Person haben!

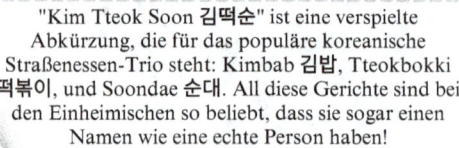

Kimbap 김밥 : koreanische Rolle, die aus gewürztem Reis und verschiedenen Füllungen wie Gemüse, Fleisch und Gurken besteht.

Tteokbokki 떡볶이 : In Gochujang (scharfe und süße Paprikapaste) gekochte, zähe Reiskuchen, die häufig mit Fischkuchen und Gemüse serviert werde

Soondae 순대 : Koreanische Wurst aus Schweineblut, Reis und verschiedenen Gewürzen.

Euljiro Pocha Straße 을지로 포차 거리
Rund um die Straßen der **Jongno 3(sam)-ga Station Ausgang 6 der U-Bahn-Linie 3 oder 5**

RICHTUNGEN!

Pojangmacha (포장마차), oftmals abgekürzt als "pocha", bedeutet "Planwagen". Er war ursprünglich ein einfaches mobiles Restaurant im Freien, das in Zeltwagen betrieben wurde. In der Vergangenheit war es eine beliebte Wahl für Koreaner, die nach der Arbeit eine schnelle und erschwingliche Mahlzeit mit einer Flasche Soju zu sich nehmen wollten. Doch mit dem Aufkommen von Lokalen, die sich an ein jüngeres Publikum richten, hat es sich in letzter Zeit zu einem charmanten Ort für Rendezvous gewandelt. Pojangmachas dienen auch häufig als Kulisse in K-Dramen.

Soju-Flaschen auf koreanische Art öffnen!

Bevor man eine Flasche Soju öffnet, schüttelt man sie oder wirbelt sie schnell, um einen kleinen Tornado in der Flasche zu erzeugen.

Dann stößt man mit dem Ellbogen auf den Boden der Flasche.

Anschließend dreht man den Schraubverschluss auf und schlägt entweder mit einem sanften Taekwondo-Schlag auf den Flaschenhals oder formt mit der Hand ein V und schlägt dazwischen auf den Flaschenhals, damit der obere Teil des Soju aus der Flasche spritzt.

Traditionell hatten soju-Flaschen einen Korkenzieher, der bei unsachgemäßer Lagerung zerbrechen und kleine Stücke in der Flasche hinterlassen konnte. Um diese kleinen Brocken aus der Flasche zu bekommen, schüttelte man sie und schwenkte sie. Anschließend schlug man auf den Flaschenboden, um die Stücke nach oben zu treiben, so dass sie leichter zu entfernen waren. Zwar verfügen Soju-Flaschen inzwischen über Schraubverschlüsse und dieses Ritual hat kaum noch einen praktischen Nutzen, dennoch machen es viele aus Spaß.

Fordere dich selbst heraus, getrocknete kleine Pollacks zu kosten!

Mixe selbst einen Somaek-Cocktail!

Somaek 소맥 (soju + maekju맥주 "Bier") ist bei Koreanern, die keine Zeit haben, aber die Freuden von Alkohol in möglichst kurzer Zeit genießen wollen, die erste Wahl! Beliebt ist das Mischverhältnis 3:7 (Soju:Bier). Probiere es aus (sofern du über 19 Jahre alt bist).

Auch wenn sie etwas unansehnlich aussehen, sind getrocknete kleine Seelachse, auch sogari 노가리 genannt, eine beliebte Beilage zum Trinken und bieten zahlreiche gesundheitliche Vorteile. (Tipp: Zu Bier passen sie hervorragend!)

Myeongdong 명동 Jung-gu Myeongdong 8-gil 52 중구 명동8길 52
In den Gassen rund um **Myeongdong Station** Ausgang 5,6,7,8 der U-Bahn-Linie 4

Koste die große Auswahl an Straßenleckereien in Myeongdong!

 RICHTUNGEN!

Myeongdong ist ein quirliger Stadtteil in Seoul (und hier trifft man mehr Ausländer als Koreaner). Dort findet man eine Vielzahl an leckeren Straßengerichten, die für jeden Geschmack etwas zu bieten haben. Ganz gleich, ob du gerne lokale Spezialitäten oder internationale Einflüsse magst, du wirst etwas Leckeres zu essen finden. Beim Rundgang durch die Stadt begegnet man verlockenden Gerüchen und Essensständen, die für ein aufregendes kulinarisches Erlebnis sorgen!

1. **Bungeoppang** 붕어빵 ("Fischbrot") ist ein knuspriger und süßer waffelartiger Teig, der traditionell mit einer süßen roten Bohnenpaste gefüllt wird. Doch keine Sorge! Das Brot enthält keinen echten Fisch.

2. **Hotteok** 호떡 ist eine pfannkuchenähnliche Leckerei, gefüllt mit einer süßen Mischung aus braunem Zucker, Zimt und zerkleinerten Nüssen. Der Teig wird flachgedrückt und auf einer Grillplatte gebacken, bis er außen knusprig wird, während die Zuckerfüllung schmilzt und innen klebrig wird.

3. **Hoeori Gamja** 회오리 감자 ("Tornado-Kartoffel") werden aus einer ganzen Kartoffel hergestellt, die auf einen Spieß spiralförmig aufgespießt wird, so dass eine lange, durchgehende Spirale entsteht, die an einen Tornado erinnert. Im Anschluss wird die Kartoffel frittiert, bis sie knusprig und goldbraun ist

4. **Eomuk Kkochi** 어묵꼬치 ("Fischkuchenspieß") bestehen aus einer Mischung aus gemahlenem Fisch, Mehl und verschiedenen Gewürzen. Sie sind vor allem während der kalten Wintertage in Korea sehr beliebt.

Noryangjin Cupbap Straße
노량진 컵밥 거리
Dongjak-gu, Noryangjin-ro 178
동작구 노량진로 178

5 Minuten Fußweg (314 m) von der **Noryangjin Station Ausgang 8 der U-Bahn-Linie 1 oder 9**

RICHTUNGEN!

Probiere Cupbap - "Mahlzeit im Becher", besonders beliebt bei Studenten!

Cupbap 컵밥 ("Mahlzeit in einer Tasse") ist aufgrund seines günstigen Preises bei den Studenten in Gosichon (Dorf der Studenten, die sich auf die Prüfungen für den öffentlichen Dienst vorbereiten) sehr beliebt geworden. Da sich allerdings das niedrige Preis-/Leistungsverhältnis herumgesprochen hat, kommen nun auch viele andere Menschen hierher, was zu einem Trend und zur Entstehung von speziellen Cupbap-Straßen geführt hat. Koste eine leckere und zugleich preisgünstige Mahlzeit in einer Tasse!

Dream High blog.naver.com/oliveras (CC BY-ND 2.0 KR)

Erkundige die Vielfalt der in Supermärkten erhältlichen Mahlzeitenboxen!

Mit der steigenden Zahl junger Menschen, die allein leben, werden die Essensboxen der Lebensmittelgeschäfte immer beliebter. Diese preiswerten Produkte sind qualitativ sehr hochwertig und daher eine gute Wahl, um sie einmal auszuprobieren! Verschiedene Handelsketten bieten unterschiedliche Produkte an, also probiere mehrere aus!

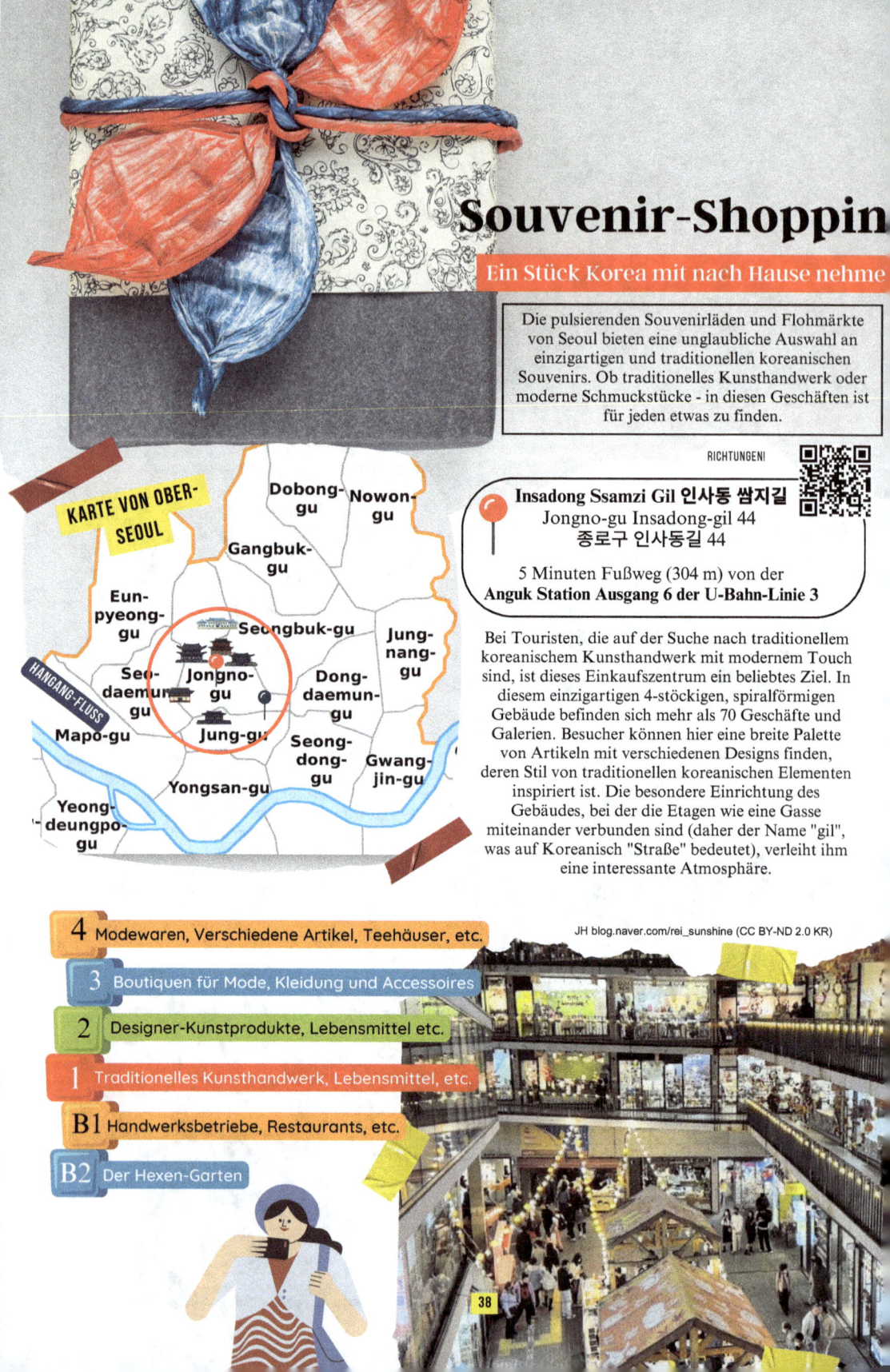

Souvenir-Shopping

Ein Stück Korea mit nach Hause nehmen

Die pulsierenden Souvenirläden und Flohmärkte von Seoul bieten eine unglaubliche Auswahl an einzigartigen und traditionellen koreanischen Souvenirs. Ob traditionelles Kunsthandwerk oder moderne Schmuckstücke - in diesen Geschäften ist für jeden etwas zu finden.

RICHTUNGEN!

Insadong Ssamzi Gil 인사동 쌈지길
Jongno-gu Insadong-gil 44
종로구 인사동길 44

5 Minuten Fußweg (304 m) von der
Anguk Station Ausgang 6 der U-Bahn-Linie 3

Bei Touristen, die auf der Suche nach traditionellem koreanischem Kunsthandwerk mit modernem Touch sind, ist dieses Einkaufszentrum ein beliebtes Ziel. In diesem einzigartigen 4-stöckigen, spiralförmigen Gebäude befinden sich mehr als 70 Geschäfte und Galerien. Besucher können hier eine breite Palette von Artikeln mit verschiedenen Designs finden, deren Stil von traditionellen koreanischen Elementen inspiriert ist. Die besondere Einrichtung des Gebäudes, bei der die Etagen wie eine Gasse miteinander verbunden sind (daher der Name "gil", was auf Koreanisch "Straße" bedeutet), verleiht ihm eine interessante Atmosphäre.

KARTE VON OBER-SEOUL

JH blog.naver.com/rei_sunshine (CC BY-ND 2.0 KR)

- **4** Modewaren, Verschiedene Artikel, Teehäuser, etc.
- **3** Boutiquen für Mode, Kleidung und Accessoires
- **2** Designer-Kunstprodukte, Lebensmittel etc.
- **1** Traditionelles Kunsthandwerk, Lebensmittel, etc.
- **B1** Handwerksbetriebe, Restaurants, etc.
- **B2** Der Hexen-Garten

Wie viele der Symbole des Gebäudes kannst du finden? ☐

Bei dem Buchstaben "ㅆ" handelt es sich um einen Konsonanten im koreanischen Alphabet - er ist der erste Laut des Wortes "Ssamzi"! Er ist daher auch das Logo des Gebäudes. Auf dem Rundgang durch das Gebäude wirst du diesen Buchstaben zufällig an verschiedenen Stellen finden. Wie viele kannst du entdecken?

Finde die charakteristischen Totempfähle Koreas! ☐

민트호수 blog.naver.com/snropro (CC BY 2.0 KR)

Beim Schlendern durch die Geschäfte wirst du auf Jangseung 장승, die koreanischen Totempfähle, stoßen. Traditionellerweise wurden diese Holzkonstruktionen am Rande von Dörfern aufgestellt, um die Dorfgrenzen zu markieren und böse Geister abzuwehren. Halte Ausschau nach den Jangseungs, die vor den Geschäften Wache halten, sowie nach den Miniaturausgaben, die als Geschenkartikel umgewandelt wurden!

Kunst genießen und gleichzeitig ein paar Kalorien verbrennen! ☐

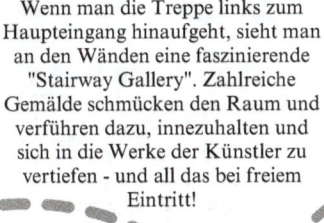

Insadong Straße 인사동 거리
Rund um das Ssamzi-gil-Gebäude reihen sich zahlreiche Antiquitäten- und Souvenirläden sowie Teehäuser aneinander.

Wenn man die Treppe links zum Haupteingang hinaufgeht, sieht man an den Wänden eine faszinierende "Stairway Gallery". Zahlreiche Gemälde schmücken den Raum und verführen dazu, innezuhalten und sich in die Werke der Künstler zu vertiefen - und all das bei freiem Eintritt!

Erlebe die Schönheit des Lächelns, eingraviert in traditionelle Masken!

Tal Bang 탈방
Jongno-gu, Insadong-gil 48
종로구 인사동길 48

Täglich 11 - 19 Uhr
Sonntag geschlossen.
gahoemuseum.org

Diese originale Boutique hat sich auf traditionelle koreanische Masken spezialisiert und wartet mit einer großen Auswahl an wundervollen Produkten auf, einschließlich großer Masken für Wände und niedlicher Maskenabzeichen, die deine Outfits aufpeppen. Erkunde und erlebe die Schönheit und Handwerkskunst dieser authentischen koreanischen Masken.

Stelle dich der kultigen Dalgona-Herausforderung! ☐

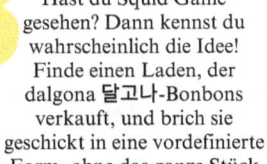

Hast du Squid Game gesehen? Dann kennst du wahrscheinlich die Idee! Finde einen Laden, der dalgona 달고나-Bonbons verkauft, und brich sie geschickt in eine vordefinierte Form, ohne das ganze Stück zu zerbrechen!

탈만든이 blog.naver.com/sandaemas (CC BY 2.0 KR)

Gestalte deine eigene traditionelle koreanische Briefmarke!

In diesem einzigartigen Stempelladen können Besucher ihre eigenen unverwechselbaren Stempel für jemand Besonderen entwerfen, wobei die Stempel mit verschiedenen Motiven und Sprüchen gestaltet werden können. Zudem werden auch Kalligrafie-Produkte zum Verkauf angeboten.

Saegim Sori 새김소리
Jongno-gu, Insadong-gil 55-1 종로구 인사동길 55-1
Mo. - Sa. 10 - 18 Uhr
Sonntag geschlossen.

Koste die süße Leckerei, die Koreaner lieben!

Guem Ok Dang 금옥당
Jongno-gu, Insadong-gil 49
종로구 인사동길 49
Mo. - So. 10.30 - 20.30 Uhr

In diesem Geschäft gibt es Yanggaeng 양갱 (süßes rotes Bohnengelee), eine Süßspeise, die die Koreaner wirklich lieben. Die rote Bohnenpaste wird mit frischen heimischen roten Bohnen direkt in einem Kessel zubereitet. Dank seiner schönen Verpackung ist es auch als Geschenkset beliebt.

추지 blog.naver.com/chu4246 (CC BY-SA 2.0 KR)

딸기맘양갱이
blog.naver.com/parkyang1021
(CC BY 2.0 KR)

Hwanghakdong Flohmarkt 황학동 벼룩시장 Jung-gu Majang-ro 5-gil 11-7 중구 마장로5길 11-7
6 Minuten Fußweg, (0.24 mi / 392 m) von der **Sindang Station Ausgang 11 der U-Bahn-Linie # 2 oder 6**
Täglich 10 - 18 Uhr.

Die Geschichte des Marktes begann in den frühen 1970er Jahren, als Straßenhändler begannen, gebrauchte Waren und Antiquitäten in der Gegend zu verkaufen. Nach und nach wuchs der Markt und entwickelte sich zu einem beliebten Treffpunkt für Antiquitätensammler und Schnäppchenjäger. Aufgrund seines breit gefächerten Angebots an Waren, unter anderem antike Möbel, Keramik, traditionelle koreanische Kunstwerke, Vintage-Kleidung und verschiedene andere einzigartige Artikel, wurde er auch als "Markt für alles" bezeichnet. Vor allem die Antiquitätensammler lieben ihn, weil man hier mit etwas Glück wertvolle Gegenstände zu niedrigen Preisen ergattern kann.

Finde etwas, das an den früheren koreanischen Lebensstil erinnert!

Antikgeschäfte sind eine spannende Chance, die Vergangenheit zu erforschen und in die Lebensweise verschiedener Länder einzutauchen. Halte Ausschau nach einem Gegenstand, der einen vergangenen Aspekt der koreanischen Gesellschaft repräsentiert, etwas, das in der heutigen modernen koreanischen Kultur nicht mehr relevant ist. Denn wer weiß, vielleicht entdeckst du bei deiner Suche ja ein besonderes Schmuckstück!

Günstig Kleidung shoppen!

Es gibt unzählige Orte, an denen man qualitativ hochwertige Kleidung zu unglaublich niedrigen Preisen finden kann! Einige Geschäfte bieten sogar Kleidung nach Gewicht an, d. h. man zahlt nach dem Gesamtgewicht der ausgewählten Artikel. Solche Angebote sind unschlagbar günstig.

GANGNAM STYLE
KOREAS TRENDIGSTES VIERTEL ERKUNDEN!

Erlebe die pulsierende Atmosphäre von Gangnam, dem angesagtesten und trendigsten Stadtteil von Seoul, durch eine Vielzahl von Aktivitäten und tollen Erfahrungen. Vom Ausprobieren der neuesten K-Beauty-Trends bis zum Verzehr köstlicher lokaler Gerichte - hier gibt es einfach ALLES zu sehen und zu erleben.

KARTE VON LOWER SEOUL

Gangnam 강남, was so viel wie "Region südlich von Hangang" bedeutet, wird häufig mit dem wohlhabenden Viertel von Seoul in Verbindung gebracht, das aus den drei Bezirken **Gangnam-gu 강남구**, **Seocho-gu 서초구** und **Songpa-gu 송파구** besteht und für seine hohen Immobilienpreise und die hohe Anzahl wohlhabender Menschen bekannt ist. Der Stadtteil Gangnam ist bekannt für seine Luxusboutiquen, edlen Kaufhäuser und hervorragende städtische Infrastruktur. Es gilt als ein Symbol für Erfolg, eine Wohnung in Gangnam zu besitzen, obwohl die dort lebenden Menschen in der koreanischen Popkultur manchmal als sehr materialistisch porträtiert werden.

1  COEX 코엑스

Gangnam-gu Yeongdong-daero 513 강남구 영동대로 513
Direkte Verbindung vom **Bongeunsa Station Ausgang 7 der U-Bahn-Linie 9**

COEX Convention 10 – 18 Uhr
Starfield COEX Mall 10.30 – 20 Uhr

RICHTUNGEN!

COEX, die Kurzform für "Convention and Exhibition", ist ein gigantischer Komplex, bestehend aus einem Kongress- und Ausstellungszentrum, einem großen unterirdischen Einkaufszentrum namens Starfield COEX Mall, drei Luxushotels, einem Kino und einem Aquarium. Es ist das größte unterirdische Einkaufszentrum in Asien und bietet alles, was man für Unterhaltung und Shopping braucht.

Finde die Statue, die den Kulttanz des K-Pop-Megahits "Gangnam Style" zeigt!

Als der Song "Gangnam Style" 2012 zur weltweiten Sensation wurde, sang und tanzte jeder zu der eingängigen Zeile "Oppa Gangnam Style!" mit, wobei man auch den berühmten Reitertanz machte. Zu Ehren des weltweiten Erfolgs von K-Pop wurde am Eingang des Starfield-Einkaufszentrums eine Statue aufgestellt, die die ikonische Tanzbewegung mit zwei gekreuzten Händen darstellt. Komm schon, mach den Reiter-Tanz!

Ein Paradies für Buchliebhaber!

Die in der COEX-Mall gelegene Starfield Library 별마당도서관 ist eine faszinierende und äußerst weitläufige Bibliothek, die für ihre imposante Büchersammlung bekannt ist. In einem 2.800 Quadratmeter großen Atrium ragt ein 13 Meter hohes Bücherregal empor und bietet eine einladende Atmosphäre zum Lesen und Studieren mit stimmungsvoller Beleuchtung. Die Bibliothek umfasst eine vielfältige Sammlung von rund 70.000 Büchern verschiedener Genres und Sprachen sowie Zeitschriften und E-Books. Außerdem verfügt sie über Arbeitstische mit Steckdosen für Laptops und organisiert eine Reihe von kulturellen Veranstaltungen, darunter Autorenvorträge, Gedichtlesungen und literarische Konzerte.

헛똑똑 blog.naver.com/ysc5258 (CC BY 2.0 KR)

2 Rodeo Straße 로데오거리

Gangnam-gu Apgujeong-ro 46-gil 30 강남구 압구정로 46길 30
6 Minuten Fußweg (0.28 mi / 453 m) von der **Apgujeong Rodeo Station Ausgang 5 der U-Bahn-Linie Suin-Bundang**

RICHTUNGEN!

Tauche ein in die dynamische Jugendkultur von Gangnam

Ursprünglich war dieser Ort Anfang der 90er Jahre ein Mode- und Rebellionszentrum und zog Jugendliche an, die sich von den alten Normen absetzen wollten. Früher ein Synonym für opulente Autos und edle Kleidung, hat es sich zu einer Hochburg der verschiedenen Jugendsubkulturen und aktuellen Trends entwickelt. Angesagte Marken, Hautpflege, Schönheitschirurgie und Friseursalons prägen das Viertel. Dazu gibt es eine Reihe von Restaurants und Cafés, die kulinarische Köstlichkeiten und Unterhaltungsmöglichkeiten anbieten.

쵸목쵸목 어홍이 blog.naver.com/day265 (CC BY-SA 2.0 KR)

3 Galleria Kaufhaus
갤러리아백화점

Gangnam-gu Apgujeong-ro 343 강남구 압구정로 343
Direkter Zugang von der **Apgujeong Rodeo Station Ausgang 7** der U-Bahn-Linie Suin-Bundang

RICHTUNGEN!

Besuche Seouls beliebtestes Shopping-Ziel

Dieses Kaufhaus ist ein renommierter und gehobener Spot, der für seine exklusiven Marken, modische Kleidung und unverwechselbare Designer-Auswahl bekannt ist. Kunden erwartet hier ein üppiges und abwechslungsreiches Einkaufserlebnis. Außerdem gibt es im Food Court eine Reihe von köstlichen Gerichten zu probieren. Am Abend erstrahlt das Geschäft in bunten Lichtern und bietet so ein atemberaubendes visuelles Spektakel.

돌돌이양일상 blog.naver.com/woonga27 (CC BY-SA 2.0 KR)

4 GAROSU-GIL
가로수길

Gangnam-gu Apgujeong-ro 126 강남구 압구정로 126
12 Minuten Fußweg (0.34 mi / 553 m) von der **Apgujeong Station Ausgang 5** der U-Bahn-Linie 3

RICHTUNGEN!

Besuche das trendigste Viertel Seouls!

Seinen Namen "Baumallee" verdankt das Viertel den 160 Ginkgobäumen, die in gerader Linie entlang der Straße stehen, und ist in letzter Zeit zum angesagtesten Viertel Seouls geworden. Einst war es ein Zentrum für Galerien und Designerläden, doch der aktuelle Trend konzentriert sich auf die verschiedensten Modegeschäfte. Zudem findet man hier charmante Cafés und Restaurants, die zu einem gemütlichen Plausch einladen.

꿈꾸는여행 도도 blog.naver.com/travelerdodo (CC BY-SA 2.0 KR)

Schau dir die Bäume mit den niedlichen Pullovern an!

Wer den Park im Winter besucht, wird etwas ganz Spezielles und Niedliches sehen - denn den Bäumen sind verschiedene Pullover angezogen, um sie warm zu halten! Such dir dein Lieblingsmotiv und mach ein tolles Foto!

나나망고 blog.naver.com/televisiky (CC BY-SA 2.0 KR)

43

5 Central City 센트럴시티

Seocho-gu, Shinbanpo-ro 176 서울 서초구 신반포로 176
Direkter Zugang von der **Express Bus Terminal Station**
Ausgang 3 der U-Bahn-Linie 3 / 7 / 9

Famille Station (Restaurants) 10 – 20 Uhr
Express Bus Terminal 5 – 1 Uhr
Kaufuaus Shinsegae 10 – 20 Uhr
Megabox (Kino) 7 – 3 Uhr

RICHTUNGEN!

In diesem Megakomplex gibt es zahlreiche Attraktionen, darunter das JW Marriott-Hotel, ein Schnellbusterminal, die U-Bahnlinien 3, 7 und 9, das Kaufhaus Shinsegae, das Megabox-Kino, eine Buchhandlung und die Famille Station mit einer Vielzahl von Restaurants. Als eines der belebtesten Gegenden Seouls bietet es eine Fülle von Aktivitäten und Attraktionen. Vergiss nicht, die Geschäfte im Untergrund zu erkunden, wo du tolle Schnäppchen und Rabatte finden kannst.

Pectus Solentis via Wikimedia Commons (CC BY-SA 2.0)

RICHTUNGEN!

Erkunde Koreas belebtestes Kaufhaus!

Mit seinen 11 Etagen und vielen verschiedenen Geschäften ist dieses Kaufhaus nicht nur groß, sondern es war auch das umsatzstärkste Kaufhaus weltweit im Jahr 2021. Das eigentliche Highlight sind jedoch die ausgezeichneten Speisen, die man im Food Court und im Underground Mart findet, wo man sogar regionale Lebensmittel kaufen kann. Dank seiner unmittelbaren Nähe zum Express-Bus-Terminal ist hier immer viel los, sodass man einen echten Eindruck von der pulsierenden und geschäftigen Atmosphäre Seouls bekommt.

Besuche den wunderschönen Dachgarten und genieße die erholsame Umgebung!

Begib dich in den 11. Stock des Shinsegae Department Store und besuche den "S Garden", einen Dachgarten, in dem du inmitten von prächtigen Blumen und Gräsern eine entspannte Pause einlegen kannst. Es ist wie eine kleine Oase mitten in der Stadt, perfekt, um den müden Geist zu erfrischen. Darüber hinaus finden im Garten regelmäßig verschiedene Ausstellungen statt, bei denen es immer etwas Neues zu entdecken und zu bestaunen gibt.

안수지 blog.naver.com/suziesuzie (CC BY-SA 2.0 KR)

Schnäppchen in Koreas größtem unterirdischen Einkaufszentrum!

GOTO MALL 고투몰

Gehe zum **Ausgang 8-1 / 8-2** der **Express Bus Terminal Station** der **U-Bahn-Linie 3 / 7 / 9**

Täglich 10 – 20 Uhr

Die Goto Mall 고투몰, gelegen unter dem Gangnam Express Bus Terminal, ist ein riesiges unterirdisches Einkaufszentrum mit einer großen Auswahl an Produkten, darunter Kleidung, Kosmetika, Accessoires, Heimtextilien, Kunsthandwerk und Blumen. Man kann hier bei jedem Wetter einkaufen, und dank der U-Bahn-Anbindung des Einkaufszentrums kann man bequem überall hinfahren. Und das Beste daran ist, dass es hier fantastische Angebote zu Preisen gibt, die weit unter denen der normalen Kaufhäuser liegen!

탁가이버 blog.naver.com/tacgyber (CC BY-SA 2.0 KR)

6 Kakao Friends 카카오프렌즈

Seocho-gu Gangnam-daero 429 서초구 강남대로 429
2 Minuten Fußweg (0.07 mi / 120 m) **Gangnam Station Ausgang 10** der **U-Bahn-Linie 2**

Täglich 10.30 – 20 Uhr

Triff Koreas beliebteste Charaktere - Kakao Friends!

프리한자유 blog.naver.com/ijj0324 (CC BY-SA 2.0 KR)

KakaoTalk ist eine beliebte Chat-App, die praktisch jeder in Korea benutzt, auch wegen der liebenswerten Charaktere, die sie bietet. In diesem Shop kann man mit diesen niedlichen Figuren interagieren und Souvenirs kaufen. Es ist ein Muss für KakaoTalk-Fans, außerdem ist das Dachcafé des Ladens wegen seiner beeindruckenden Aussicht einen Besuch wert.

7 Gangnam Samsung 강남 삼성

Seocho-gu Gangnam-daero 411 서초구 강남대로 411
1 Minuten Fußweg (0.03 mi / 50 m) **Gangnam Station Ausgang 10** der **U-Bahn-Linie 2**

Mo. - Sa. 11 - 21 Uhr / So. 11 - 19 Uhr

Die neueste Technologie in Samsungs Schauraum entdecken!

Besuche diesen kürzlich eröffneten Vorzeige-Shop. Auf vier abwechslungsreichen Ebenen kannst du die traditionsreiche Geschichte von Samsung und die neuesten Innovationen kennenlernen. Nimm an interaktiven Spielen teil, schau dir verschiedene Produkte an, halte besondere Momente an "Fotospots" fest und relaxe in der gemütlichen Lounge. Besonders praktisch für Reisende sind die kostenfreien Ladestationen für Mobiltelefone. Für das ultimative Besuchererlebnis sollte man im 4. Stock beginnen und sich von dort nach unten durcharbeiten.

쭈뉴 blog.naver.com/musicits (CC BY-ND 2.0 KR)

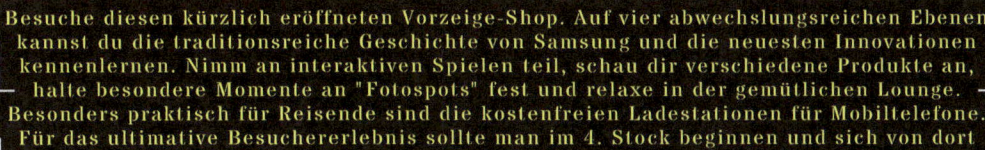

8 Lotte World Tower

Songpa-gu Ollimpik-ro 300 송파구 올림픽로 300
2 Minuten Fußweg (80 m) von der **Jamsil Station Ausgang 2 der U-Bahn-Linie 2 & 8** (Auch direkt durch einen unterirdischen Weg verbunden. Halten Sie Ausschau nach dem Schild "Seoul Sky Observation Deck")

Mo. - Sa. 11 - 21 Uhr / So. 11 - 19 Uhr

RICHTUNGEN!

lwt.co.kr

Der Lotte World Tower ist eines der Wahrzeichen der Stadt und ein Symbol für Modernität und Innovation. Mit seinen 555 Metern Höhe ist er eines der höchsten Gebäude der Welt. In diesem architektonischen Meisterwerk sind sowohl Geschäfts- als auch Wohn- und Unterhaltungsbereiche untergebracht. Von der Aussichtsplattform auf den oberen Etagen können Besucher einen spektakulären Panoramablick über die Stadt genießen. Das Gebäude bietet eine gelungene Mischung aus Luxus, Einkaufsmöglichkeiten, Restaurants und kulturellen Erlebnissen und ist damit ein Muss sowohl für Einheimische als auch für Touristen.

Werde auf dem Sky Observatory Deck zur größten Person Koreas!

Das Sky Observatory Deck im Lotte World Tower ist eine faszinierende Attraktion mit vielen Anziehungspunkten. Es bietet einen weiten Blick auf die Wahrzeichen von Seoul und Hangang. Der SkyWalk mit Glasboden sorgt für Spannung und ergänzt die architektonische Meisterleistung des Turms. Multimediale Displays machen die Mischung aus Tradition und Moderne in Seoul erlebbar. Nachts verwandelt sich das Stadtbild in ein faszinierendes Schauspiel. Das Deck bietet die Möglichkeit, unvergessliche Momente zu erleben und in die Lebendigkeit Seouls einzutauchen.

seoulsky.lotteworld.com

Spazieren gehen entlang des Seokchon-Sees!

An diesem wunderschönen Ort gibt es zwei künstliche Seen, Seo-ho (Westsee) und Dong-ho (Ostsee). Im Seo-ho befindet sich die bezaubernde "Zauberinsel" von Lotte World, während der Dong-ho mit malerischen Wander- und Joggingwegen entlang seiner Ufer aufwartet. Die berühmte Skulptur "Rubber Duck" von Florentijn Hofman wurde 2014 hier aufgestellt. In unmittelbarer Nähe des Lotte-Komplexes gelegen, bietet dieser friedliche Park einen erholsamen Rückzugsort. Im April und Mai ist der Park besonders für seine berühmten Kirschbaumblüten bekannt.

9 Olympia-Park 올림픽공원

Songpa-gu Ollimpik-ro 424 송파구 올림픽로 424
Mongchontoseong Station Ausgang 1 der U-Bahn-Linie 8

RICHTUNGEN!

Silas Low Wikimedia Commons (CC BY-SA 4.0)

Der für die Olympischen Spiele 1988 in Seoul errichtete, 408 Hektar große Park ist ein Sinnbild für den modernen Wandel in Korea. Die Anlage umfasst Sportarenen, Waldgebiete und öffentliche Grünflächen. Außerdem ist der Park in Bereiche für Freizeitsport, kulturelle Aktivitäten, umweltfreundliche Zonen und historische Begegnungen unterteilt. Wegen der Größe des Parks braucht man mehr als drei Stunden, um ihn vollständig zu durchstreifen, weshalb es ratsam ist, sich vorher den Plan vom Park anzusehen!

Finde deine Nationalflagge auf dem Flaggen-Platz!

Im Olympia-park von Seoul gibt es einen Platz der Flaggen, auf dem alle 200 Länder, die an den Olympischen Sommerspielen 1988 in Seoul teilgenommen haben, ihre Flaggen zeigen. Finde die Flagge deines Landes und mach ein Foto!

Besichtige Kunstwerke weltberühmter Künstler!

Bei der Finger-Skulptur handelt es sich um ein Bronze-Kunstwerk, das der renommierte französische Bildhauer Cesar Baldaccini zum Gedenken an die Olympiabewerbung von Seoul geschaffen hat. Baldaccini schuf diese Skulptur im Jahr 1988. Sie stellt die weltweit einzige Sammlung von sieben großen Daumenskulpturen dar und steht als Symbol für die Kraft des Zusammenhalts und des Erfolgs.

Die Skulptur "Virtual Sphere" ist ein monumentales Werk des venezolanischen Malers und Bildhauers Soto, das zu Ehren Koreas, des Gastgeberlandes der Olympischen Spiele 1988, geschaffen wurde. Das Werk hat die Form eines runden Objekts aus roten und blauen Aluminiumrohren, das das Taegeuk 태극-Muster der koreanischen Flagge zeigt. Seine außergewöhnliche Ästhetik lässt sich aus allen Blickwinkeln betrachten und gleicht optisch einem Wellengang.

이형영 blog.naver.com/robot179 (CC BY-SA 2.0 KR)

K-POP ABENTEUER

In die Welt der koreanischen Popmusik eintauchen!

Begib dich auf eine Reise durch die koreanische Musikszene, wobei du die Branche, die die Welt im Sturm erobert hat, aus nächster Nähe kennenlernen kannst. Besuche K-Pop-Unterhaltungsunternehmen, wandle auf den Spuren von K-Pop-Stars, fotografiere die kultigen K-Pop-Bärenstatuen und lerne sogar ein paar Tanzschritte, um zu sehen, wie es ist, ein K-Pop-Idol zu sein!

Pilger zu den 4 K-Pop Entertainment-Giganten!

 RICHTUNGEN!

1 **YG Entertainment** Mapo-gu, Hapjeong-dong 397-6 마포구 합정동 397-6
10 Minuten Fußweg (510 m) von der **Hapjeong Station Ausgang 8 der U-Bahn-Linie 2 & 6**

YG, das für seine berühmten Künstler und Gruppen wie BIGBANG, BLACKPINK und Winner bekannt ist, eröffnete im Jahr 2020 sein neu fertiggestelltes Bürogebäude. Zu den beeindruckenden Merkmalen der weitläufigen Anlage gehören ein zweistöckiges Auditorium, sieben große Tanzübungsräume, sieben Aufnahmestudios und 30 private Musikstudios für ausgewählte Komponisten und Künstler. Auch wenn **der Zutritt durch das Sicherheitstor beschränkt** ist, zeugt das futuristische Design des Gebäudes von der künstlerischen Kreativität, die sich im Inneren entfaltet!

Relaxen und entspannen in einem Café für YG-Fans!

the SameE 더세임카페 Mapo-gu, Hapjeong-dong 398- 마포구 합정동 398-21

Täglich 10 - 21 Uhr

RICHTUNGEN!

또져미 blog.naver.com/dlthwjd1224 (CC BY-ND 2.0 KR)

Gegenüber dem kürzlich erbauten YG-Hauptquartier befindet sich ein gemütliches Café namens "the SameE". In der ersten und zweiten Etage befinden sich jeweils gemütliche Cafés, während im Untergeschoss, B1, Merchandise-Shops mit Produkten der YG-Künstler untergebracht sind. Mit etwas Glück kannst du sogar einen Blick auf die YG-Künstler erhaschen, die die Zentrale gerade besuchen!

RICHTUNGEN!

2 HYBE 하이브 Yongsan-gu, Hangang-daero 42 용산구 한강대로 42
10 Minuten Fußweg (530 m) von der **Sinyongsan Station Ausgang 2 der U-Bahn-Linie 4**

Die neue Zentrale von HYBE ist ein faszinierender Treffpunkt für Musikproduktion und Content-Erstellung und dient als zentraler Ort für Fans von Künstlern wie BTS, TXT, NewJeans und ENHYPEN. Während die bisherige Nebenstelle "HYBE Insight", in der Ausstellungen und Merchandise-Artikel angeboten wurden, geschlossen wurde, veranstaltet HYBE nun Pop-up-Events an verschiedenen Orten, um den Fans einzigartige Erlebnisse rund um ihre Künstler und Musik zu bieten. Halte dich auf dem Laufenden über kommende Pop-up-Events und Veranstaltungsorte. Der Zugang ist nur über die Sicherheitsschleuse möglich. **Zugang durch ein Sicherheitstor beschränkt ist.**

수정다운 blog.naver.com/s99275 (CC BY-ND 2.0 KR)

hybeinsight.com

3 SM Entertainment Seongdong-gu, Wangshimni-ro 83-21 성동구 왕십리로 83-21
1 Minuten Fußweg (58 m) von der **Seoul Forest Station Ausgang 5 der U-Bahn-Linie Suinbundang**

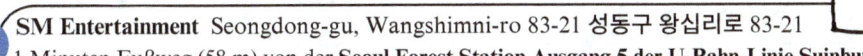

RICHTUNGEN!

Das neue Hauptquartier von SM-Entertainment ist innerhalb des D-Towers untergebracht. Mit ein bisschen Glück kann man dort bekannte SM-Promis wie BoA, Super Junior, SHINee, Red Velvet, NCT und Aespa antreffen. Aber auch wenn man keine Stars sieht, ist das ganze Stadtviertel ein wunderbarer Ort, um zu bummeln, unvergessliche Fotos zu schießen und möglicherweise andere K-Pop-Fans zu begegnen. Der Zugang ist nur über das Sicherheitstor möglich. **Zugang durch ein Sicherheitstor beschränkt ist.**

Betrete das magische Universum von SM an diesem außergewöhnlichen Ort!

KWANGYA Seoul 광야 서울 (B1 des SM Entertainment Building)
Täglich 10 - 20 Uhr

KWANGYA ist ein einzigartiger Ort, der von SM-Entertainment betrieben wird und nicht nur Alben und Merchandising-Artikel ihrer Künstler anbietet, sondern auch eine Verbindung zum Meta-Universum. Durch Scannen eines QR-Codes im Ausstellungsraum erhält man Zugang zu einem Doku-Programm, welches das Besuchererlebnis noch intensiver und spannender macht. Zusätzlich erzeugt eine Zone mit transparenten LEDs ein fesselndes dreidimensionales Ambiente, das mit einer Reihe von lebhaften Bildern eine Konzerthalle simuliert. Dank seines sorgfältigen Designs und seiner beeindruckenden Technik ist es ein absolutes Muss für internationale K-Pop-Fans.

Nimm an einem K-Pop Tanzkurs teil und lerne ein paar Moves!

1 Million Dance Studio 원밀리언 댄스 스튜디오
Seongdong-gu, Seongsu-dong 2-ga 322-2 성동구 성수동2가 322-2

RICHTUNGEN!

Im 1MILLION Dance Studio sind Schüler jeden Alters und jeder Herkunft willkommen, unabhängig von ihrer bisherigen Erfahrung. Das Studio hat zwei komplett ausgestattete Studios, und die Mitarbeiter sprechen Englisch und Koreanisch. Hier hat man die Möglichkeit, sein kreatives Potenzial zu entdecken und einige der kultigen K-Pop-Tanzschritte zu erlernen. Zur Buchung eines Einzelunterrichts besuche bitte einfach die Webseite.

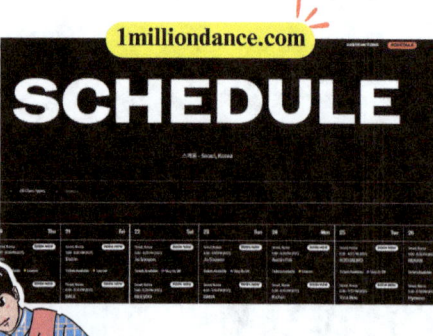

1milliondance.com

4 JYP Entertainment Gangdong-gu, Gangdong-daero 205 강동구 강동대로 205
15 Minuten Fußweg (1 km) von der **Dunchon Oryun Station Ausgang 1 der U-Bahn-Linie 9**

Anfang 2018 zog JYP-Entertainment von seinem bisherigen Bürogebäude in Cheongdam-dong in ein neues Hauptquartier in der Nähe des Olympia Parks um. Im neuen Hauptquartier gibt es verschiedene Annehmlichkeiten, wie Übungsräume, Aufnahmestudios und eine Bio-Cafeteria, die K-Pop-Fans begeistern und das Bemühen von JYP-Entertainment verdeutlichen, ihren Künstlern und Mitarbeitern erstklassige Einrichtungen zur Verfügung zu stellen. Der Zugang ist nur über das Sicherheitstor möglich. **Zugang durch ein Sicherheitstor beschränkt ist.**

Folge deinen Lieblings-K-Pop-Stars!

5 K-Pop Square Media Gangnam-gu Yeongdong-daero 513 강남구 영동대로 513
Direkt an der **Samseong Station Ausgang 6 der U-Bahn-Linie 2**

Erlebe das überwältigende Spektakel eines Veranstaltungsortes mit einer Riesenleinwand, die viermal so groß ist wie ein Basketballfeld, auf dem zahlreiche packende Videos übertragen werden. Hier werden nicht nur dreidimensional animierte Werbespots gezeigt, sondern auch Musikvideos von beliebten K-Pop-Idolen. Man kann unvergessliche Fotos machen, während man den Auftritt seiner Lieblingskünstler auf dem Bildschirm mit Spannung erwartet. Die Atmosphäre ist beeindruckend und vereint nahtlos Medienkunst, Unterhaltung und Spaß für alle.

6 K-Star Road 케이스타로드
Gangnam-gu, Apgujeong-ro 507-gil ⟷ Gangnam-gu, Dosan-daero 101-gil 6
강남구 압구정로 507길 ⟷ 강남구 도산대로 101길 6
18 Minuten Fußweg (1.2 km) von der **Apgujeong Rodeo Station Ausgang 2 der U-Bahn-Linie Suinbundang**

동뻬미
blog.naver.com/dhraldls
(CC BY-ND 2.0 KR)

Gangnam, berühmt geworden durch Psy's "Gangnam Style", ist der Ursprungsort der K-Pop-Kultur. Es ist eine trendige Gegend in Korea, wo mehr als die Hälfte der Unterhaltungsagenturen des Landes angesiedelt sind und wo viele K-Pop-Stars geboren wurden. Hier findet man auch die K-Star Road, eine Straße, die zu Ehren dieser Kultur angelegt wurde. Dort stehen 18 bärenförmige Statuen namens Gangnam Dolls, die beliebte K-Pop-Stars darstellen.

Finde alle 18 Gangnam Dolls entlang der K-STAR ROAD!

GANGNAMDOL	2PM	MISSA	BTS	GIRLS GENERATION	INFINITE
4MINUTE	FT ISIAND	CNBLUE	EXO	B1A4	KARA
SUPER JUNIOR	SHINee	TVXQ	AOA	VIXX	BLOCK B

7 **Star Avenue Myeongdong 스타에비뉴 명동본점** Jung-gu, Eulji-ro 30, Lotte Department Store 1F
Zwischen der U-Bahn-Linie 2 Euljiro 1-ga, Ausgang 7, 8, und dem Lotte Hotel
중구 을지로 30 롯데백화점 명동본점 1층 (롯데백화점 / 롯데호텔 사이)

Täglich 9 - 18.30 Uhr

Begegne digital nachgebildeten K-Pop-Stars!

 RICHTUNGEN!

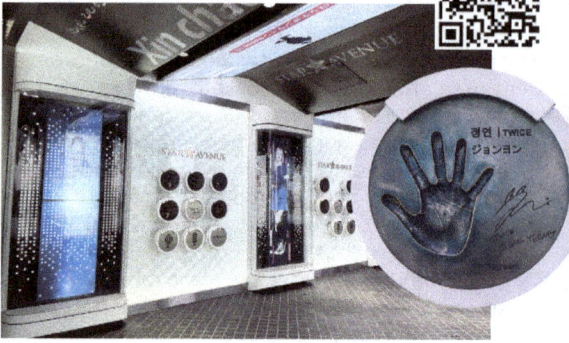

In diesem kürzlich renovierten Raum kannst du digital nachgebaute K-Pop-Stars treffen. Gehe durch den Star Track, einen groß angelegten Medientunnel, die Star Mirror Zone, eine Spiegelzone, in der du Selfies mit deinen Lieblingsstars machen kannst, sowie durch die Hi-Five Zone mit Handabdrücken von beliebten K-POP-Stars!

Hol dir das Merchandise deines Lieblings-Idols in diesem Spezialgeschäft!

 RICHTUNGEN!

MUSIC ART 뮤직아트
Jung-gu, Namdaemun-ro 67, B1 중구 남대문로 67 지하1층
Täglich 10.30 - 20 Uhr

Dies ist die ultimative Anlaufstelle für K-Pop-Artikel, in der es kleine Ausstellungen und verschiedene Veranstaltungen wie Pop-up-Stores und Live-Auftritte gibt. Darüber hinaus bietet der Shop exklusive Artikel wie Fotobücher zu Musikvideos, die einen Blick hinter die Kulissen werfen. Ein Pflichtbesuch für K-Pop-Fans, die hier mit ihren Lieblingskünstlern in Kontakt treten und einzigartige Produkte rund um ihre Musik finden können.

TRAGÖDIEN UND TRIUMPHE

KOREAS GESCHICHTE IN MUSEEN KENNENLERNEN

Lerne mehr über die **erstaunlichen Errungenschaften der Vergangenheit**, die **moderne Geschichte** Koreas und die Herausforderungen, die das Land zu bewältigen hatte. Sowohl tragische Geschichten als auch die des Sieges hinterlassen eine inspirierende Atmosphäre, die dich mit dem Geist des koreanischen Volkes vertraut macht. Begib dich auf diese unvergessliche Reise und zelebriere die glanzvolle Vergangenheit und blicke gespannt in die Zukunft.

Erfahre alles über die Geschichte des geteilten Koreas, um die gesamte Entwicklung zu verstehen!

① Nationalfriedhof 국립 서울 현충원 Dongjak-gu Hyeonchung-ro 210 동작구 현충로 210
1 Minuten Fußweg (62 m) von der **Ausgang 8 Dongjak Station Ausgang 8 der U-Bahn-Linie 4 & 9**

An dieser Stätte ruhen die sterblichen Überreste von mehr als 54.000 gefallenen Patrioten, darunter Soldaten, Polizisten, engagierte Bürger und Schlüsselfiguren der Übergangsregierung. Darüber hinaus wird der 104 000 Soldaten gedacht, die während des Koreakriegs gefallen sind, wobei viele ihrer Leichen noch immer nicht gefunden wurden. Etwa 7.000 unbekannte Soldaten wurden jedoch geborgen. Alljährlich am 6. Juni, dem Memorial Day, finden auf dem Friedhof Gedenkgottesdienste und Veranstaltungen zu Ehren dieser tapferen Menschen statt. Der sorgfältig gepflegte Friedhof bietet eine eindrucksvolle Kulisse und ist sowohl ein informatives historisches Zeugnis als auch ein idyllischer Ort für einen gemütlichen Spaziergang – eine bewegende Erinnerung daran, dass die Freiheit ihren Preis hat.

 RICHTUNGEN!

Den namenlosen Soldaten Trost spenden

Beim Rundgang über den Friedhof stößt man auf einen besonderen Bereich, der den unbekannten Soldaten gewidmet ist, jenen tapferen Seelen, deren Leichen nie gefunden wurden oder deren Identität unbekannt blieb. Verweile für einen Moment der Ehrfurcht und zolle dem unerschütterlichen Geist dieser Patrioten Tribut, die selbstlos ihr Leben für ihr Land geopfert haben.

② Kriegerdenkmal 전쟁기념관 Yongsan-gu, Itaewon-ro 29 용산구 이태원로 29
4 Minuten Fußweg (262 m) von der **Samgakji Station Ausgang 12 der U-Bahn-Linie 4 & 6**
Täglich 9.30 - 18 Uhr. Montags geschlossen
(fällt ein nationaler Feiertag auf einen Montag, ist das Museum am folgenden Tag geschlossen)

RICHTUNGEN!

Das Museum wurde 1994 von der War Memorial Service Korea Society errichtet, um jene Helden zu ehren, die im Koreakrieg ihr Leben opferten. In dem riesigen Museum werden mehr als 33.000 Ausstellungsstücke aufbewahrt, von denen etwa 10.000 in fünf Hallen im Innen- und Außenbereich zu sehen sind, die den tragischsten und wichtigsten Teil der koreanischen Geschichte zeigen, aber gleichzeitig auch eindrucksvoll und detailliert konzipiert sind. Du wirst erstaunt sein, wie sich Korea in dieser Zeit verändert hat. Ein Muss für jeden Besucher!

www.warmemo.or.kr

Das legendäre Kampfschiff - "Turtle Ship"!

Schon beim Betreten der Gedenkstätte wird deutlich, dass sie über das Gedenken an die modernen Kriege in Korea hinausgeht. Zu den Exponaten gehört ein akribisch gefertigtes Modell des geobukseon 거북선, des legendären "Schildkrötenschiffs". Dieses imposante Schiff, das von Admiral Yi Sun-sin während der Joseon-Dynastie erfunden wurde, war maßgeblich an der Niederlage der japanischen Marine im Imjin-Krieg Ende des 16. Jahrhunderts beteiligt. Nimm dir einen Moment Zeit, um dieses innovative Schiff genauer unter die Lupe zu nehmen und dir vorzustellen, wie es gewesen sein muss, an Bord eines solch historischen und formidablen Schiffes zu kämpfen!

dainoi
blog.naver.com/daji1
(CC BY-ND 2.0 KR)

Erlebe die spannende Vergangenheit Koreas anhand von Museen!

3 **Nationalmuseum von Korea 국립중앙박물관** Yongsan-gu, Seobinggo-ro 137 용산구 서빙고로 137
3 Minuten Fußweg (308 m) von der **Ichon Station Ausgang 2 der U-Bahn-Linie 4**
M/T/DO/F/SU - 10 - 18 Uhr (Letzter Einlass 17.30 Uhr) W/SA - 10 - 21 Uhr (Letzter Einlass 20.30 Uhr)

RICHTUNGEN!

Das Nationale Museum von Korea ist eine wahre Fundgrube für koreanische Geschichte und Kultur. Es umfasst eine beeindruckende Sammlung von 420.000 Gegenständen aus Tausenden von Jahren, angefangen von antiken Handäxten bis hin zu farbenfrohen Goldkronen, Celadon-Keramik, historischen Gemälden und modernen Fotografien. Zudem bietet das Museum realistische Videos und Virtual-Reality-Erlebnisse, die den Besuch noch spannender machen.

www.museum.go.kr

Eine einzigartige Virtual-Reality-Erfahrung für Kinder!

Wer Kinder hat, sollte unbedingt die Immersive Digital Gallery 2 im Museum besuchen. Für dieses VR-Erlebnis sollte man im Voraus eine Reservierung vornehmen. Die VR-Sessions finden 12-mal pro Tag statt (16-mal an Mittwochen und Samstagen) mit einer jeweiligen Dauer von 30 Minuten, von 10:30 bis 17:00 Uhr. Wenn du einen Besuch planst, informiere dich auf der Anmeldeseite über freie Termine und Zeiten. Mitunter sind noch 1 bis 3 Plätze frei, so dass kurzfristige Reservierungen noch möglich sind.

Entdecke aus jeder der verschiedenen Dynastien und Königreiche einen Lieblingsschatz!

Im Verlauf seiner Geschichte gab es in Korea mehrere Dynastien und Königreiche. Stöbere durch das Museum und suche dir dein Lieblingsobjekt aus jeder Dynastie und jedem Königreich aus. Vergleiche mit deinen Freunden, was sie gewählt haben!

Auf den Spuren der tragischen Geschichte von Koreas japanischer Besatzung

4 **Geschichtshalle des Seodaemun-Gefängnisses** 서대문 형무소 Seodaemun-gu, Tongil-ro 251
서대문구 통일로 251
6 Minuten Fußweg (250 m) von der **Ausgang 5 Dongnimmin Station Ausgang 5 der U-Bahn-Linie 3**

Täglich Mär- Okt 9.30 - 18 Uhr / Nov - Feb 9.30 - 17 Uhr / Montags geschlossen
(fällt ein nationaler Feiertag auf einen Montag, ist das Museum am folgenden Tag geschlossen)

www.sscmc.or.kr

Errichtet in den letzten Jahren des koreanischen Kaiserreichs unter dem Einfluss des japanischen Kaiserreichs, zeugt es von der jahrelangen Entbehrung und dem nationalen Leid in der modernen und zeitgenössischen Geschichte Koreas. Gleichzeitig ist sie ein ergreifendes Symbol der antijapanischen Unabhängigkeitsbewegung und spiegelt den unbeugsamen Geist derer wider, die gegen die japanische Unterdrückung kämpften. Unter Beibehaltung ihrer ursprünglichen Form bewahrt sie die Erinnerung an zahllose Patrioten, die sich der japanischen Aggression mutig widersetzten. Ein Besuch dieser historischen Stätte bietet die Möglichkeit, die Opfer dieser koreanischen Patrioten zu würdigen und sich inspirieren zu lassen, sowie auf ihren Spuren zu wandeln.

Schau dir diese Filme vor deinem Besuch an, um den ganzen Kontext zu verstehen!

Wir empfehlen unbedingt, sich vor dem Besuch der Stätte einige ausgezeichnete Filme und Fernsehserien anzusehen, die anschaulich die japanische Besetzung Koreas und die koreanische Unabhängigkeitsbewegung schildern. Diese Filme vermitteln wertvolle Zusammenhänge und Einblicke in die historische Bedeutung der Stätte. Hier sind ein paar erstklassige Filme, die man sich ansehen sollte:

"The Age of Shadows" (2016)
"Assassination" (2015)
"Mr. Sunshine" (2018)

Frieden in Seoul finden

eine Spirituelle Reise zur Ruhe für Körper und Geist

Tauche ein in das Herz der spirituellen Welt Koreas und erlebe den Besuch ehrwürdiger buddhistischer Tempel, historischer Kirchen und prächtiger Moscheen. Lasse dich von ruhigen Landschaften und tiefgründigen Überlegungen inspirieren und finde inneren Frieden inmitten der kulturellen Vielfalt.

KARTE VON LOWER SEOUL

RICHTUNGEN!

1 **Jogyesa-Tempel 조계사** Jongno-gu Ujeongguk-ro 55 종로구 우정국로 55
7 Minuten Fußweg (508 m) von der **Jonggak Station Ausgang 2 der U-Bahn-Linie 1**

Entdecke die Harmonie eines buddhistischen Tempels!

Der Jogyesa-Tempel, das Zentrum des koreanischen Buddhismus, verdankt seinen Namen dem Berg Jogyesan, auf dem einst Meister Hyeneung residierte. Die Tempelanlage ziert der Sitzende Buddha, ein Kulturgut. In der großen Halle werden Besucher rund um die Uhr herzlich willkommen geheißen. Im Frühjahr kann man das faszinierende Schauspiel der unzähligen Lotoslaternen bestaunen, die den Tempel bei Tag und bei Nacht erleuchten und somit einen unvergleichlichen Anblick bieten.

Werde Zeuge der faszinierenden Laternenparade! ☐

www.llf.or.kr

Verpasse auf keinen Fall das farbenfrohe Laternenfest in der Nähe des Jogyesa-Tempels und der Jongno-Straße, das den Geburtstag von Buddha feiert (4. April, wobei sich das Datum jedes Jahr ändert, da es sich nach dem Mondkalender richtet). Sowohl für Einheimische als auch für ausländische Touristen ist das Fest mit seinen verschiedenen Veranstaltungen und Umzügen mit bunten Laternen, die die Stadt schmücken, ein reizvolles Spektakel. Die mehr als 100 000 Laternen erhellen die Hauptstraßen der Hauptstadt und gipfeln im Finale der Lotuslaternenparade am Jogyesa. Genieße den festlichen Geist und feiere Buddhas Geburtstag beim Lotuslaternenfest im Viertel Insadong, verbunden mit einem Besuch dieses ehrwürdigen Tempels.

② Königlicher Schrein Jongmyo 종묘 Jongno-gu Hunjeong-dong 1 종로구 훈정동 1
3 Minuten Fußweg (299 m) von der der **Jongno 3(sam)-ga Station Ausgang 11 der U-Bahn-Linie 1 & 3 & 5**   *Abhängig von der Jahreszeit ändern sich die Zeiten. Bitte vor dem Besuch auf der Webseite informieren.

ROYAL PALACE PASS

Besuche das ehrwürdige Vermächtnis koreanischer Traditionen und Rituale

jm.cha.go.kr

Dieses hochwürdige konfuzianische Heiligtum ist den Königen, Königinnen und Nachkommen der Joseon-Dynastie gewidmet. Umgeben von Natur, umfasst es Hallen und Anbauten für rituelle Zeremonien. Seine Schlichtheit und sein dezentes Dekor verleihen dem Schrein eine feierliche Atmosphäre, in der die Geister der Vorfahren geehrt werden. Seit 2001 sind diese Rituale von der UNESCO als "Meisterwerke des mündlichen und immateriellen Kulturerbes der Menschheit" anerkannt und gehören seit 2008 zum Immateriellen Kulturerbe der Menschheit.

RICHTUNGEN!

Nimm an einer geführten Tour teil, um einen tieferen Einblick zu erhalten! ☐

An Wochentagen bietet der Schrein Führungen auf Koreanisch, Englisch, Japanisch und Chinesisch an, die jeweils etwa eine Stunde dauern. Fremdsprachige Führungen stehen ausschließlich Ausländern und deren koreanischen Begleitern offen. Weitere Informationen finden sich auf der Webseite.

③ Katholische Kathedrale Myeongdong 명동 성당 Jung-gu, Myeongdong-gil 74 중구 명동길 74
9 Minuten Fußweg (427 m) von der **Myeongdong Station Ausgang 10 der U-Bahn-Linie 4**

Besuch der Geburtsstätte des Römischen Katholizismus in Korea

Die Geburtsstätte des römisch-katholischen Glaubens in Korea bietet eine einzigartige Gelegenheit, die vielfältige religiöse und architektonische Geschichte des Landes kennenzulernen. Das 23 Meter hohe Hauptgebäude und der 45 Meter hohe Kirchturm, errichtet aus einer Vielzahl von vor Ort gebrannten roten und grauen Ziegeln, veranschaulichen die Verschmelzung koreanischer und westlicher architektonischer Einflüsse. Die Tatsache, dass die Kirche mit Kaiser Gojong in Verbindung gebracht wird und von der Pariser Gesellschaft für Auslandsmissionen finanziell unterstützt wurde, trägt zu ihrer kulturellen Bedeutung bei und macht sie zu einem Muss für Geschichts- und Architekturliebhaber gleichermaßen.

Am Sonntag an einer englischen Messe teilnehmen!

mdsd.or.kr

Ganz gleich, ob man katholisch ist oder nicht, die Teilnahme an einer Messe in dieser historischen Kirche ist ein einzigartiges Erlebnis. Die Messe findet jeden Sonntag um 9 Uhr auf Englisch statt.

④ Zentralmoschee Seoul 이슬람교 서울 중앙성원 Yongsan-gu, Usadan-ro 10-gil 39 용산구 우사단로 10길 39
10 Minuten Fußweg (477 m) von der **Itaewon Station Ausgang 10 der U-Bahn-Linie 4**

koreaislam.org

Besuch der Geburtsstätte des Islam in Korea!

Diese Moschee wurde mit zweierlei Ziel errichtet: als Gebetsstätte für die Muslime in Korea und als Bildungszentrum, um das Verständnis für den Islam und die islamische Kultur in der breiten Öffentlichkeit zu fördern. Innerhalb der Moschee befindet sich im ersten Stock das Büro der Korea Muslim Federation und ein Versammlungsraum. Im zweiten Stock findet sich die Musalla (Gebetshalle) für Männer, während die Musalla (Gebetshalle) für Frauen im dritten Stock liegt. Der Zutritt zur Moschee ist sowohl für Gläubige als auch für Besucher möglich.

Probiere Halal-Köstlichkeiten rund um die Moschee!

Im Umkreis der Moschee gibt es Restaurants, die Gerichte aus verschiedenen islamischen Ländern anbieten. Genieße köstliche Halal-Gerichte wie Kebab, Schawarma und türkische Delikatessen, die dir das Gefühl geben, in verschiedene Länder zu reisen und doch im selben Land zu bleiben!

5 **Märtyrerschrein Jeoldusan 절두산 성지** Mapo-gu, Tojeong-ro 6 마포구 토정로 6
7 Minuten Fußweg (482 m) von der **Hapjeong Station Ausgang 7 der U-Bahn-Linie 2 & 6**

Täglich 9.30 - 17 Uhr / Montags geschlossen

Erkunde die Stätte des Märtyrertums und des Glaubens!

jeoldusan.or.kr

Bekannt als der Berg der Enthauptung, war dieser Ort Zeuge einer tragischen Verfolgung im Jahr 1866, bei der bis zu 2.000 koreanische Katholiken ihr Leben verloren, von denen 27 zu Heiligen erklärt wurden. Das neben der Kapelle gelegene Museum zeigt einige der Foltergeräte aus dieser Zeit. Papst Johannes Paul II. (1984) und Mutter Teresa (1985) besuchten die Kapelle und sie bleibt ein inspirierender Ort für alle. Die beste Zeit für einen Besuch sind die Sonntagsveranstaltungen, da auf dem Gelände viele Gebetsversammlungen abgehalten werden.

Michael Gallagher
flickr.com/michaelgallagher
(CC BY-SA 2.0)

Stelle eine Gebetskerze auf und äußere einen Wunsch!

Das Gebetshaus verfügt über einen eigenen Bereich, in dem Gebetskerzen angeboten werden. Entzünde eine Kerze und äußere deinen Herzenswunsch für deine Liebsten.

6 **Bongeunsa-Tempel 봉은사** Gangnam-gu Bongeunsa-ro 531 서울 강남구 봉은사로 531
1 Minuten Fußweg (135 m) von der **Bongeunsa Station Ausgang 1 der U-Bahn-Linie 9**

Täglich 5 - 22 Uhr

Spüre zeitlose Stille inmitten von Wolkenkratzern!

Dieser 1.200 Jahre alte Tempel entstand im Jahr 794 während des Silla-Königreichs. Trotz der Unterdrückung des Buddhismus durch die Joseon-Dynastie wurde er später, von 1551 bis 1936, zum Haupttempel der koreanischen Seon (Zen)-Sekte. Zwischen modernen Wolkenkratzern bietet dieser friedvolle Tempel einen wahrhaft inspirierenden Kontrast in Korea.

Entdecke die alt-buddhistische Kultur!

bongeunsa.org

Im Tempel erwarten dich verschiedene Veranstaltungen, darunter das 2-tägige "Temple Stay Program", das ein intensives Mönchserlebnis bietet. Nimm teil an geführten Tempeltouren, der Herstellung von Lotuslaternen, Meditation, Dado (Teetrinkzeremonie), der Herstellung von Salzmandalas, dem Abschreiben von Sutra, 108 Verneigungen und Gesprächen mit Mönchen, die alle auf Englisch stattfinden. Aktuelle Informationen finden sich auf der Webseite.

SEOUL ABENTEUER

Familienfreundliche und romantische Aktivitäten für alle

Seoul bietet eine Fülle von aufregenden und unvergesslichen Erlebnissen für jeden, egal ob man als Familie den Zusammenhalt stärken möchte oder als Paar auf der Suche nach romantischen Momenten ist. Die Stadt bietet eine gelungene Abwechslung aus familienfreundlichen und intimen Abenteuern, die mit Sicherheit **unvergessliche Erinnerungen** hinterlassen werden.

1 Namsan Seoul Tower 남산 서울타워 Jung-gu, Sopa-ro 83 서울 중구 소파로 83
13 Minuten Fußweg (508 m) von der **Myeongdong Station Ausgang 3 der U-Bahn-Linie 4**
Täglich 10 - 23 Uhr

RICHTUNGEN!

Besuche die "Romantische Insel" von Seoul!

nseoultower.co.kr

Dieser imposante Turm auf dem Namsan-Berg (236,7 m) trägt den Titel "Romantische Insel" von Seoul im Herzen der Stadt. Der für seine ewige Anziehungskraft bekannte Turm bietet einen atemberaubenden Panoramablick auf Seoul. Als Wahrzeichen der Stadt ist der Turm die beliebteste Touristenattraktion für Ausländer und wird als "heiliger Ort" für Paare verehrt, die sich hier in der Aura der ewigen Liebe schwelgen.

Besuche die zweithöchste Toilette in Seoul!

Versäume nicht die Gelegenheit, die zweithöchste Toilette in Seoul zu sehen, die sich in der zweiten Etage des Observatoriums befindet!
Die höchste Toilette findet sich im Lotte World Tower.

Schließe deine Liebe am Liebesschlossbaum des Namsan-Turms ein!

Am Fuße des Turmeingangs erwartet die Besucher eine herzerwärmende Tradition, bei der man eingeladen wird, seiner Liebe Ausdruck zu verleihen, indem man ein Schloss an einem Baum oder Zaun anbringt. Entweder bringt man sein eigenes Schloss mit oder besorgt sich eines in einem Geschäft in der Nähe - diese herzliche Geste ermöglicht es Paaren, ihre Zuneigung auf eine liebevolle Weise zu bekunden. Selbst für diejenigen, die keinen romantischen Partner haben, bietet der Liebesschlossbaum die Möglichkeit, sich auf die gemeinsame Liebe mit der Familie zu besinnen!

Erklimme die Treppen hinauf zum Berg und spiele Stein-Papier-Schere!

Forschungs- und Informationsinstitut für Bildung in Seoul
서울특별시교육청 교육연구정보원
Jung-gu, Sopa-ro 46 중구 소파로 46

Eine weitere Option, den Namsan-Turm zu erreichen, ist die Treppe in der Nähe des Seoul Education Research Information Center. Steige die hohe Treppe hinauf, die bekanntlich als Drehort für den Film "Mein Name ist Kim Sam-soon" diente, und folge dem Pfad, der dich auf den Namsan-Berg zum N-Turm führt. In Anlehnung an die Charaktere in dem Film lohnt es sich, das lustige Spiel Stein-Papier-Schere auszuprobieren, bei dem man wie die beiden sein Kletter-Schicksal selbst bestimmen kann!

컬러램프지니
blog.naver.com/khjw0515
(CC BY-SA-KR 2.0)

RICHTUNGEN!

 **Itaewon Straße der Welternährung** 이태원 세계음식거리
In den Gassen neben dem Hamilton Hotel finden Sie Restaurants und Bars.
Itaewon Station Ausgang 1 oder #4 der U-Bahn-Linie 6

Erkunde Itaewon, wo verschiedene Kulturen vereint florieren!

RICHTUNGEN!

Itaewon ist der vielfältigste Ort in Korea, ein internationales Viertel, in dem Menschen aus der ganzen Welt zusammenleben. Dieses einzigartige Viertel, das unterschiedliche Kulturen vereint, ist nicht nur bei ausländischen Touristen beliebt, sondern auch bei Koreanern, die die internationale Kultur Koreas kennenlernen möchten. Mit seinen gegensätzlichen kulturellen Prägungen am Tag und in der Nacht bietet Itaewon eine einzigartige Atmosphäre wie kein anderer Ort in Seoul!

Versuche exotische Restaurants, die nicht koreanisch sind!

Das Angebot der Itaewon World Food Street umfasst eine Reihe von internationalen Gerichten, die mitunter auf koreanische Vorlieben zugeschnitten sind, so dass man noch mehr originelle Geschmäcker probieren kann. Doch anstatt sich für ein Lokal zu entscheiden, lohnt sich ein Bummel durch die Gassen, um überraschende Entdeckungen zu machen.

Geh auf "Bar Hopping" in mindestens 3 verschiedene Bars!

Das Nachtleben in Itaewon übertrumpft den Tag und zieht alle an, die ein geselliges Miteinander suchen. In dieser quirligen Szenerie ist es besonders aufregend, in kreativ thematisch gestalteten Bars neue Freunde zu finden. Lass dich von den unterschiedlichen und unterhaltsamen Bars in Itaewon begeistern!

Mach bei der jährlichen Sommer-Pool-Party mit!

Entkomme der Hitze und genieße vom Pool im 5. Stock aus die fantastische Aussicht auf Itaewon. Hierher kommen sowohl Einheimische als auch Touristen, um Leute zu beobachten, Spaß am Pool zu haben und sich unters Volk zu mischen. Im Hamilton Hotel wird geschwommen, gefeiert und getrunken - ob im Pool oder an der Bar. Hier kann man sich sonnen, schwimmen, Musik vom DJ-Pult hören, Burger essen und kühle Getränke schlürfen.

hamilton.co.kr

Shoppe witzige Koreanische Souvenirs!

Beim Schlendern wirst du auf Straßenverkäufer stoßen, die humorvolle koreanische Souvenirs wie Baseballkappen und T-Shirts mit anbieten - perfekt als lustige Mitbringsel für Freunde zu Hause!

2 Seoullo 7017 서울로 7017 Jung-gu Cheongpa-ro 432 중구 청파로 432
3 Minuten Fußweg (181 m) von der **Seoul Station Ausgang 1 der U-Bahn-Linie 1 & 4**

RICHTUNGEN!

Spaziere im Garten über der Stadt!

Seoullo7017, auch als Seoul Skygarden bekannt, ist das faszinierende Ergebnis eines Stadtentwicklungsprojekts. Der über einen Kilometer lange, erhöhte Fußgängerweg bietet den Besuchern ein außergewöhnliches und faszinierendes Erlebnis. Dieser landschaftlich wunderschön gestaltete Spazierweg war einst eine alte Autobahnüberführung, wurde aber in eine grüne Oase verwandelt, die mit einer Vielzahl von Pflanzen, Blumen und kulturellen Inszenierungen geschmückt ist. Er vermittelt einen spannenden Einblick in die Vergangenheit und Gegenwart der Stadt und bietet gleichzeitig einen atemberaubenden Blick auf die belebten Straßen darunter.

Bis zum Sonnenuntergang warten, um die bezaubernde Atmosphäre der Nacht zu genießen!

Bei Nacht verwandelt sich das Seoullo 7017 auf faszinierende Weise und bietet ein völlig anderes Ambiente. Warte bis zum Sonnenuntergang, um den spannenden Unterschied zu sehen und seinen besonderen Charme zu erleben!

Entdecke den Steinpfosten, der die Vergangenheit markiert!

Beim Spaziergang entlang der Promenade sollte man nach einem Steinpfosten mit der Aufschrift 서울고가 (Seoul Elevated Road) Ausschau halten, der von der historischen Bedeutung der Stadt zeugt. Wer dieses Wahrzeichen entdeckt, kann den bemerkenswerten Wandel, der hier stattgefunden hat, noch besser nachvollziehen.

③ Cheonggyecheon 청계천 Jongno-gu Cheonggyecheon-ro 1 서울 종로구 청계천로 1
12 Minuten Fußweg (387 m) von der **Dongdaemun Station Ausgang 6 der U-Bahn-Linie 1 & 4**

RICHTUNGEN!

Erkunde eine urbane Oase im Herzen der Stadt!

Einst war er nur eine verlassene Wasserstraße. Dank eines Restaurierungsprojekts wurde daraus jedoch ein wunderschöner, 10,9 km langer Park mitten in Seoul. Inzwischen ist er wie eine Oase in der Stadt, reich an schöner Natur. Auf 20 prachtvollen Brücken kann man sehen, wie Vergangenheit und Zukunft Hand in Hand gehen können. Es ist der perfekte Ort für einen entspannenden Spaziergang, Spaß mit der Familie oder ein romantisches Date.

Finde diese besonderen tierischen Gäste!

Von Zeit zu Zeit besuchen Reiher und Silberreiher den Bach und versinnbildlichen die harmonische Verbindung von moderner Architektur und Naturschutz, die durch das Restaurierungsprojekt erreicht wurde. Um sie zu sehen, braucht man allerdings Glück, denn ihre Präsenz variiert mit den Jahreszeiten und den Umweltbedingungen.

Versuch's mal mit einem Fußbad zur Abkühlung!

Da es in Seoul immer heißer wird, besuchen immer mehr Menschen den Fluss, um sich abzukühlen. ***Zwar ist das Eintauchen mit den Füßen erlaubt, aber Schwimmen und Baden sind laut der Stadtverordnung verboten!***

Lass dich von der ikonischen Statue mit diesem Mais-Chip zum Lachen bringen!

Gleich am Anfang des Baches erwartet dich "Spring", ein großartiges Kunstwerk des berühmten Pop-Künstlers Oldenburg. Diese Skulptur entstand anlässlich des ersten Jahrestages der Wiederherstellung des Baches und ist berühmt für ihre kegelartige Form. Witzigerweise gibt es in Korea einen Snack namens "Kokkalcorn (꼬깔콘)", der ganz ähnlich aussieht! Also mach einen kurzen Halt an einem nahegelegenen Supermarkt, nimm diesen Snack mit und knipse ein gemeinsames Erinnerungsfoto!

츄잉그외 blog.naver.com/essallee (CC BY 2.0)

RICHTUNGEN!

④ Museum Kimchikan 뮤지엄 김치간
Jongno-gu, Insadong-gil 35-4, 4~6F 종로구 인사동길 35-4, 4~6층
5 Minuten Fußweg (344 m) von der **Anguk Station Ausgang 6 der U-Bahn-Linie 3**

Di. - So. 10 - 18 Uhr / Geschlossen am Mo., 1.1., Seollal, Chuseok, Weihnachten

Lerne alles über Kimchi in diesem erstaunlichen Museum!

📷 museumkimchikan   **kimchikan.com**

Es gibt nichts, was die koreanische Kultur mehr widerspiegelt als Kimchi! In diesem Museum kann man schnell und umfassend alles darüber erfahren. Gegründet wurde es 1986, dann renoviert und am 21. April 2015 als "Museum Kimchikan" wiedereröffnet. Es gibt sowohl echte als auch digitale Ausstellungen, die sich mit Kimchi beschäftigen. Auf jedem Stockwerk, vom 4. bis zum 6., gibt es interaktive Ausstellungen und Attraktionen zu entdecken.

 *Für 20 Personen oder darunter ist keine Reservierung erforderlich, für größere Gruppen bitte vorher anfragen.

Mache mit bei der Kimchi-Zubereitung!

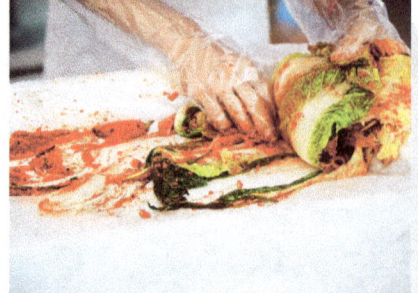

Nimm an diesem spannenden Kimchi-Kurs teil und zaubere dein eigenes Kimchi, das du mit nach Hause nehmen kannst! Keine Sorge um die Zutaten, denn alles wird gestellt. Jeder ist willkommen, einschließlich Kinder ab sechs Jahren. Informiere mindestens 4 Tage vor deiner Reservierung, falls sich deine Pläne ändern. Bringe auch Freunde mit, denn es werden mindestens 5 Teilnehmer benötigt (es können maximal 24 Teilnehmer pro Programm angemeldet werden). Sei Teil dieser wundervollen Kimchi-Reise und lass dich in die koreanische Kultur einführen!

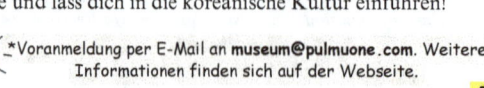

*Voranmeldung per E-Mail an **museum@pulmuone.com**. Weitere Informationen finden sich auf der Webseite.

5 Daehak-ro 대학로
Jongno-gu, Jongno-5(o)-ga Station Ausgang 1-8 ⟷ Jongno-gu, Daehak-ro 156
종로구 종로5가역 1 ~8 출구 ⟷ 종로구 대학로 156

Erkunde den quirligen Spielplatz für Junggebliebene!

RICHTUNGEN!

Wörtlich übersetzt bedeutet sie "Hochschulstraße" und ist als Zentrum der koreanischen darstellenden Künste bekannt, in der sich viele kleine Theater befinden. Seinen Namen verdankt die Straße der Gründung der Kaiserlichen Universität Gyeongseong während der japanischen Kolonialzeit im Jahr 1922. Die Universität wurde nach der Befreiung in Seoul National University umbenannt, bevor sie ihren Standort verlegte, wobei das Viertel den Namen Daehak-ro behielt. Trotz des Umzugs der Universität ist der Stadtteil nach wie vor ein lebhafter Ort für die jüngere Generation und wartet mit einer Vielzahl von Attraktionen, Aktivitäten und Unterhaltungsangeboten auf, die Einblicke in aktuelle Trends und Interessen geben.

보현 blog.naver.com/qwd7882 (CC BY-SA-KR 2.0)

Laut mitsingen bei Coin Noraebang!

Coin Noraebang (Karaoke) 코인노래방 ist eine preiswerte Gelegenheit, in einem privaten Raum mit Freunden zu singen, da man pro Song oder mit Münzen oder Kreditkarten bezahlen kann! Die Salons sind mit modernen Soundsystemen und Touchscreens zur Songauswahl ausgestattet. Sie sind überall in Seoul zu finden und ein beliebter Treffpunkt für Gesangsfans. Die Lieder sind in vielen Sprachen verfügbar.

- 악쓰는하마 Jongno-gu, Daemyeong-gil 9, 3F 종로구 대명길 9, 3층
  Täglich 12 - 2 Uhr
- 에코 Jongno-gu, Daemyeong-gil 40, B1 종로구 대명길 40, 지하 1층
  Mo. - Do. 9 - 4 Uhr Fr. - So. 9 - 6 Uhr

폰앤러브 blog.naver.com/hddpark7 (CC BY-SA-KR 2.0)

Halte deine glücklichsten Momente in "4-cut photos" fest!

Der "4-Cut-Foto"-Trend schwappt durch die angesagten Gegenden und zieht die koreanische Jugend in seinen Bann, denn er ist der neueste Schrei, um Erinnerungen festzuhalten. Erschwingliche Fotokabinen warten mit verschiedenen Extras wie Requisiten, veränderbarer Beleuchtung und Instagram-tauglicher Deko auf!

- 인생네컷 Jongno-gu, Myeongnyun 2-ga 186-2 종로구 명륜2가 186-2
  Täglich 24 Stunden
- Photoism Colored 포토이즘 컬러드 **Täglich 24 Stunden**
  Jongno-gu, Myeongnyun 4-ga 46-1 종로구 명륜4가 46-1

- 시현하다 Frame **Täglich 24 Stunden**
  Jongno-gu, Myeongnyun 4-ga 22-1
  종로구 명륜4가 22-1

Spiel und Spaß und leckeres Essen im PC Bang!

Auf der Suche nach einem einzigartigen und aufregenden Erlebnis ist ein Besuch in einem PC Bang 피씨방 ("Zimmer") ein Muss für jeden Touristen, da es nicht nur perfekt ist, um mit Freunden zu spielen, sondern auch ein idealer Ort für ein Date! Und das Beste daran ist die fantastische Essensauswahl, die von Instant-Nudeln bis hin zu von den PC-Bang-Mitarbeitern bestens zubereiteten Gerichten reicht!

Probiere eines der Menüs im PC Bang!

- 프리미엄 PC방 Jongno-gu, Daemyeong-gil 9
  종로구 대명길 9   **Täglich 24 Stunden**
- 이스포츠 PC방 Jongno-gu, Seonggyungwan-ro 12, 2F
  종로구 성균관로 12, 2층   **Täglich 24 Stunden**

Erlebe viel Spaß im Escape Cafe!

Genieß die Faszination der aufregenden Escape Cafes in Korea! Stelle deinen Verstand und dein Teamwork auf die Probe, während du mit Freunden oder deiner Familie Rätsel und Herausforderungen in spannenden Abenteuern löst. Mach einen Wettlauf gegen die Zeit, um aus dem Raum innerhalb einer bestimmten Zeit zu entkommen! Ein unvergessliches Erlebnis, das Lust auf mehr Rätselspaß macht. Beeil dich, die Zeit läuft!

- **Secret Chamber 시크릿챔버** Jongno-gu Myeongnyun 2-ga 21-18
  Täglich 10 - 0 Uhr   종로구 명륜2가 21-18
- **Sherlock Holmes 셜록홈즈** Jongno-gu, Daehak-ro 10-gil 5, 4F
  Mo. - Fr. 12 - 23 Uhr Sa. - So. 11 - 23 Uhr   종로구 대학로 10길 5, 4층
- **Epilogue 에필로그** Jongno-gu, Daehak-ro 8ga-gil 48
  Täglich 10 - 21.50 Uhr   종로구 대학로8가길 48

Lily blog.naver.com/yujin_blog
(CC BY-SA-KR 2.0)

Kostenloses Straßenmusizieren im Marronnier-Park genießen

Der Marronnier Park 마로니에 공원 in Daehak-ro ist für seine Freilichtbühne bekannt, in der schon zahlreiche bekannte Sänger und Schauspieler aufgetreten sind. Es ist ein beliebter Ort für verschiedenste Künstler, ob Amateursänger, die an Wochenenden Akustikgitarre spielen, oder aufstrebende Talente, die ihr Können zur Schau stellen. Außerdem finden hier verschiedene Veranstaltungen wie Festivals, Straßenmusikanten und Flohmärkte statt, die den Platz zu einem kulturellen und künstlerischen Paradies machen.

RICHTUNGENI

이슬한잔 blog.naver.com/photoc3
(CC BY 2.0 KR)

v희야v blog.naver.com/plysh
(CC BY 2.0 KR)

Entdecke den künstlerischen Charme des Mural Village!

Ihwa Mural Village 이화 벽화 마을
Jongno-gu, Ihwa-dong 9- 413 종로구 이화동 9-413
14 Minuten Fußweg (763 m) von der **HyehwaStation Ausgang 2 der U-Bahn-Linie 4**

RICHTUNGEN!

Dieser bezaubernde Ort entstand im Rahmen eines Regierungsprojekts zur Umwandlung eines strukturschwachen Viertels in ein Kunstgebiet. Anwohner, Künstler, Studenten und Freiwillige haben gemeinsam atemberaubende Wandbilder gemalt. Es gibt einzigartige Gassen und charmante Cafés, die einen fantastischen Blick auf das Stadtzentrum von Seoul bieten. Bedauerlicherweise wurden einige Wandmalereien aufgrund von Beschwerden der Anwohner über die zunehmende Zahl von Touristen entfernt. Touristen werden gebeten, die hübschen Gassen und Cafés des Dorfes zu erkunden und dabei Rücksicht auf die friedlichen Wohngebiete zu nehmen.

*Für einen entspannten und angenehmen Besuch empfiehlt es sich, die Reise an Wochentagen zu planen und so die Menschenmassen zu vermeiden.

6

Funny Saju 재미난조각가 Mapo-gu, Seogyo-dong 358-124, 2F 마포구 서교동 358-124 2층
8 Minuten Fußweg (546 m) von der **Hongik University Station Ausgang 9 der U-Bahn-Linie 2**

02-325-4543   **Täglich 12.30 - 23.30 Uhr**

*ENG / CHN - Dienstleister verfügbar! Für einen Termin bitte anrufen.

Enthülle dein Schicksal mit traditioneller Koreanischer Wahrsagerei!

Korea-Reisende sollten sich das saju 사주-Lesen nicht entgehen lassen, ein uraltes Verfahren, das die "vier Säulen des Schicksals" nutzt, um das Schicksal und die Zukunft auf der Grundlage des Geburtszeitpunkts vorherzusagen. Ein geschulter Saju-Leser interpretiert die acht Zeichen, die mit deiner Geburt verbunden sind und die Yin- oder Yang-Energie sowie die fünf primären Elemente repräsentieren, und gibt so Einblicke in verschiedene Aspekte des Lebens und der Zukunft. Man sollte Saju nicht blindlings vertrauen, sondern es als Unterhaltung und Lebensberatung schätzen. Zudem können Paare Gunghap 궁합, die Analyse der ehelichen Kompatibilität, nutzen, um herauszufinden, ob sie gut zueinander passen. Dieser kulturelle Brauch zeigt das Interesse der Koreaner an der Entschlüsselung von Schicksal und Vorsehung. Ganz gleich, ob man Unterhaltung oder Lebensberatung sucht, Saju-Lesungen bieten einen einzigartigen Einblick in die koreanische Kultur und Tradition.

융진 blog.naver.com/thdwodms233
(CC BY-ND 2.0 KR)

RICHTUNGEN!

*Halte deinen Namen und dein Geburtsdatum nach dem Mondkalendersystem sowie die Geburtszeit bereit, bevor es losgeht!

7 Riverside Spa Land 강변스파랜드 Gwangjin-gu, Gueui-dong 593-15 B2 광진구 구의동 593-15 지하2층
6 Minuten Fußweg (343 m) von der **Gangbyeon Station Ausgang 4 der U-Bahn-Linie 2** ispaland.co.kr

Entspannung und Erholung in einer traditionellen Koreanischen Sauna - Jjimjilbang

RICHTUNGEN!

Das traditionelle koreanische Badehaus Jjimjilbang 찜질방 ermöglicht Touristen ein einmaliges Verjüngungserlebnis mit verschiedenen thematischen Saunen, Whirlpools und Dampfbädern. Hier können Besucher in die koreanische Kultur eintauchen und sich herrlich entspannen, während verschiedene Unterhaltungsmöglichkeiten für Geselligkeit und Gemeinschaftserlebnisse sorgen. Besonders Familien, Paare und Freunde kommen hierher, um sich zu erholen und die beheizten und bedampften Bereiche sowie Restaurants, Snackbars, Fitnessclubs, PC-Räume, Karaoke, Nagelstudios, Sportmassagen, Spielhallen und günstige Übernachtungsmöglichkeiten zu genießen.

💡 Sobald man einen Jjimjilbang betritt, muss man die dort bereitgestellte Kleidung anziehen, um die Reinheit aufrechtzuerhalten und eine Ansteckung mit Keimen oder Viren zu verhindern, die man eventuell von draußen mitgebracht hat.

Versuche einen Koreanischen "Lammkopf-Handtuchhut" zu fertigen

Mindestens 3 verschiedene Saunaräume ausprobieren

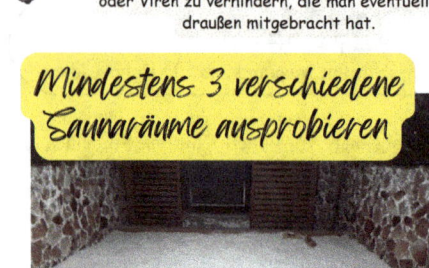
마음자리 blog.naver.com/pej1425 (CC BY-SA-KR 2.0)

Erlebe unterschiedliche Saunaräume mit verschiedenen Temperaturen und gesundheitsfördernden Wirkungen, z. B. den Salzraum, den Holzkohleraum, den Kräuterraum und den Jaderaum. Es heißt, dass jeder Raum eine andere Erfahrung und Entspannung für Ihren Körper bietet.

Der Handtuchhut yangmeori 양머리 "Lamm-/Schafskopf" wurde populär, nachdem die Hauptfigur in dem erfolgreichen TV-Drama "Mein Name ist Kim Sam-soon" im Jahr 2005 ihn trug. Im Jjimjilbang tragen ihn Menschen aller Altersgruppen und Geschlechter, um Schweiß aufzufangen, ihr Haar in Form zu halten und ihrem Aussehen einen niedlichen Touch zu verleihen!

Lerne, wie man das koreanische "Lammkopftuch" macht!

💡 Üblicherweise gibt es in Jjimjilbangs sowohl geschlechtergetrennte als auch Unisex-Räume mit separaten Umkleide- und Badekabinen. Die Dampf-/Schwitzräume sowie die beheizten Gemeinschaftsböden sind oftmals geschlechtsneutral, können aber von Anbieter zu Anbieter variieren.

Koreanisches Körperpeeling für babyglatte Haut!

Das Körperpeeling ttaemiri 때밀이 ist in Korea eine beliebte Methode, um geschmeidige Haut zu bekommen. In zahlreichen öffentlichen koreanischen Bädern und Jjimjilbangs bieten professionelle Körperreiniger einen kompletten Entschlackungsservice an. Bei diesem Verfahren wird der Körper in warmes Wasser getaucht, um abgestorbene Hautzellen aufzuweichen, und anschließend mit speziellen Handtüchern und Handschuhen gründlich abgerubbelt.

복많이
blog.naver.com/hjwwworld
(CC BY-SA 2.0 KR)

Genieße ein Nickerchen auf beheiztem Boden!

Mache einen Zwischenstopp beim Wandern und Sightseeing und entspanne dich in verschiedenen Ruhebereichen, darunter beheizte Böden und Liegestühle. In einigen Jjimjilbangs gibt es Schlafräume für kurze Nickerchen oder Übernachtungen, in denen sich die Besucher erholen und regenerieren können.

8. Lotte World 롯데월드
Songpa-gu, Ollimpik-ro 240 송파구 올림픽로 240
2 Minuten Fußweg (145 m) von der **Jamsil Station Ausgang 4 der U-Bahn-Linie 2 & 8**

lotteworld.co.kr

Ein Besuch in Lotte World bietet unvergesslichen Spaß für Jung und Alt!

RICHTUNGEN!
Ziggymaster
via wikimedia commons
(CC BY-SA 3.0)

Dieser riesige Unterhaltungskomplex lockt jedes Jahr mehr als 7 Millionen Besucher an und kann sich rühmen, einer der größten Themenparks der Welt zu sein. Zusätzlich zu den aufregenden Achterbahnen verfügt der Komplex über eine Reihe von Attraktionen wie Einkaufszentren, ein Luxushotel, ein koreanisches Volksmuseum, Sportanlagen und Kinos. Der Park beherbergt auch die größte Eislaufbahn Koreas. Überall im Park gibt es verschiedene Aufführungen, die die Besucher in ihren Bann ziehen.

Lotte World ist primär in drei Bereiche unterteilt:
Adventure - befindet sich im überdachten Erdgeschoss;
Underland - befindet sich im überdachten Untergeschoss
Magic Island - eine künstliche Insel im Freien

Mit der App "**Lotte World Adventure**", die Informationen zu Showzeiten, Wartezeiten auf Fahrgeschäfte, Schließungen und Wartungsarbeiten anzeigt, lässt sich das Erlebnis noch besser gestalten. Zusätzlich können Nutzer durch Scannen des QR-Codes ganz unkompliziert ihre Tickets lösen!

Erlebe den Freizeitpark in einer Koreanischen Schuluniform!

Leihe dir eine koreanische Schuluniform aus, zieh sie an und hab Spaß im Lotte World! Dies ist eine besondere Art für Ausländer, sich wie koreanische Schüler zu fühlen, und für Koreaner, sich an ihre Kindheit zu erinnern. Egal, ob jung oder alt, jeder kann es genießen!

*Gamsung Gyobok 감성교복 (direkt beim Eingang von Adventure im unteren Erdgeschoss von Lotte World).

gamsunggyobok.com

Mach ein Foto vor dem Karussell!

Probiere das berühmte Gyro Churros!

Wer nicht allzu mutig ist, kann in dem Geschäft auch köstliche Churros probieren, die der berühmten "**Gyro Drop**" - Bahn von Lotte World ähneln.

Korea-Reise

Koreanische Sprache

Zweisprachige koreanische Geschichten

Der Tour-Guide für die U-Bahn in Seoul, Korea – Wie du die 100 besten Attraktionen der Stadt mit der U-Bahn erlebst!

Korea Travel Bucket List - Dein Leitfaden für über 150 Dinge, die du in Seoul tun musst!

Das Wörterbuch zur Koreanischen Kultur - Von Kimchi bis K-Pop und K-Drama-Klischees. Alles über Korea genau erklärt!

`MP3` **Einfaches Koreanisch für Anfänger -** konzipiert, dass jeder, auch ein absoluter Anfänger ohne jegliche Koreanisch-Kenntnisse

`MP3` **Konversationen auf Koreanisch -** Lerne die wichtigsten Sätze, um die koreanische Bevölkerung zu verstehen und mit ihr zu interagieren.

`MP3` **K-Pop Wörterbuch -** Unverzichtbare Begriffe und Ausdrücke in K-Pop, K-Drama, koreanischen Filmen und Shows

`MP3` **Leichtes Lernen -** Übungsbuch zum Schreiben des koreanischen Alphabets

`MP3` **Wunderschöne Kurzgeschichten auf Deutsch und Koreanisch -** Zweisprachiges Bilderbuch für Anfänger mit herunterladbaren MP3-Audiodateien

`MP3` **Klassische Korean Kurzgeschichten für Sprachlerner:** Mit herunterladbaren MP3-Dateien

Eine vollständige Liste der Titel findest du auf newampersand.com!

www.ingramcontent.com/pod-product-compliance
Lightning Source LLC
LaVergne TN
LVHW020415070526
838199LV00054B/3624